JAVIER **MILEI**

VIVA A LIBERDADE, CARAJO!

História, ideias e planos do primeiro professor libertário eleito presidente da República

JAVIER **MILEI**

Organização:
LEONARDO FACCO

VIVA A LIBERDADE, CARAJO!

História, ideias e planos do primeiro professor libertário eleito presidente da República

Edição traduzida, anotada, ampliada e apresentada por
TIAGO PAVINATTO

Prefácio:
GUSTAVO SEGRÉ

70

Javier Milei, Il primo presidente libertario
© Tramedoro 2023.

VIVA A LIBERDADE, CARAJO!
História, ideias e planos do primeiro professor libertário eleito presidente da República
© Almedina, 2024
Edição traduzida, anotada, ampliada e apresentada por: Tiago Pavinatto

DIRETOR DA ALMEDINA BRASIL: Rodrigo Mentz
EDITOR: Marco Pace
EDITORA DE DESENVOLVIMENTO: Luna Bolina
PRODUTORA EDITORIAL: Erika Alonso
ASSISTENTES EDITORIAIS: Laura Pereira, Patrícia Romero e Tacila da Silva Souza

REVISÃO: Adriana Moreira Pedro
DIAGRAMAÇÃO: IO Design
DESIGN DE CAPA: Newton Cesar | Baseada em concepção original de Tiago Pavinatto

ISBN: 9786554272681
Junho, 2024

DADOS INTERNACIONAIS DE CATALOGAÇÃO NA PUBLICAÇÃO (CIP)
(CÂMARA BRASILEIRA DO LIVRO, SP, BRASIL)

Milei, Javier
 Viva a liberdade, carajo! : histórias, ideias e planos do primeiro professor libertário eleito presidente da república / Javier Milei ; tradução Tiago Pavinatto. -- São Paulo : Edições 70, 2024.

 Título original: Javier Milei, il primo presidente libertario.
 ISBN 978-65-5427-268-1

 1. América Latina - Política e governo
2. Argentina - Condições econômicas 3. Argentina - Política e governo 4. Capitalismo
5. Direita e esquerda (Ciência política) 6. Eleições 7. Liberalismo I. Título.
24-199158   CDD-320

Índices para catálogo sistemático:
1. Ciências políticas 320
Eliane de Freitas Leite - Bibliotecária - CRB 8/8415

Este livro segue as regras do novo Acordo Ortográfico da Língua Portuguesa (1990).

Todos os direitos reservados. Nenhuma parte deste livro, protegido por copyright, pode ser reproduzida, armazenada ou transmitida de alguma forma ou por algum meio, seja eletrônico ou mecânico, inclusive fotocópia, gravação ou qualquer sistema de armazenagem de informações, sem a permissão expressa e por escrito da editora.

EDITORA: Almedina Brasil
Rua José Maria Lisboa, 860, Conj.131 e 132, Jardim Paulista | 01423-001 São Paulo | Brasil
www.almedina.com.br

SUMÁRIO

APRESENTAÇÃO À EDIÇÃO BRASILEIRA, 9

Milei: Livrai-nos do cambalacho, 11

PREFÁCIO À EDIÇÃO BRASILEIRA, 19

Javier Gerardo Milei: De goleiro, músico e comentarista econômico a presidente da Argentina, 21

PREFÁCIO À SEGUNDA EDIÇÃO ITALIANA, 25

"Se siente, se siente, milei presidente", 27

Panta rei, 27

Dólares e inflação, 31

Um parêntese: O que é a dolarização?, 35

Dolarização é o caminho para desnacionalizar a moeda, 36

Da dolarização ao livre mercado para bancos e moedas, 38

Da Arena para as ruas, 41

Entre o primeiro e o segundo turno das eleições, 44

19 de novembro e 10 de dezembro, 47

Conclusão: Quem ganhar ou quem perder, nem quem ganhar nem quem perder, vai ganhar ou perder; vai todo mundo perder, 51

PREFÁCIO À PRIMEIRA EDIÇÃO ITALIANA, 55

O rigor de um libertário, 57

Os números do professor, 65

VIVA A LIBERDADE, CARAJO!, 67

PRIMEIRA PARTE
O PENSAMENTO DE UM INTELECTUAL "AUSTRÍACO", 71

    Sobre a natureza do Estado, **73**
    Nosso inimigo é o Estado: O roubo através da redistribuição, **77**
    Justiça social: Caminho para o autoritarismo, **81**
    Sem liberdade para escolher, todo homem é imoral, **85**
    Liberdade e propriedade inexistem sem a vida, **89**
    O mercado é um método, um contínuo processo de descoberta, **93**
    Socialismo + impostos = multiplicação da pobreza, **97**
    Quem odeia o capitalismo ambiciona a miséria, **99**
    Condenar o lucro é condenar à miséria, **101**
    Só se alcança um mundo sem fronteiras quando se abandona o assistencialismo estatal, **109**
    O único resultado do imposto progressivo é a pobreza do berço ao túmulo, **115**
    Controle de preços e inflação: O confisco que não ousa dizer seu nome, **117**
    Corrupção é um produto da estupidez estatal, **121**
    Uber: Ludismo e violência de Estado, **125**
    Das lições de Adam Smith, **131**

SEGUNDA PARTE
PLANO PARA A ARGENTINA: INTERVENÇÕES
POLÍTICAS NECESSÁRIAS, 135

    Entre a bigorna da inadimplência e o martelo da hiperinflação, **137**
    Entre a Argentina e os Estados Unidos, o abismo do Banco Central, **139**
    Como acabar com o Banco Central em quatro passos, **141**
    Assim como no inferno, a Argentina está cheia de boas intenções, **147**
    Kirchnerismo: A verdadeira herança maldita, **151**
    Alberto Fernández, o liberticida, **157**
    Não é a pandemia, é a quarentena, estúpido, **159**
    Maradona: O povo que o celebra, celebra a liberdade, **167**

TERCEIRA PARTE
COM A PALAVRA, O PRIMEIRO PRESIDENTE LIBERTÁRIO DA HISTÓRIA, 171
   Viva a liberdade, caralho!, **173**
   Um empresário bem-sucedido é um herói, **181**

ANEXOS, 189
   I.   Entrevista concedida por Milei a Facco em 2023, **191**
   II.   Entrevista concedida por Milei a Facco em 2020, **203**
   III.   Prefácio ao livro *Desmascarando La Mentira Keynesiana*, de Javier Milei, **213**
   IV.   Plataforma eleitoral nacional de 2023, **219**

APRESENTAÇÃO À EDIÇÃO BRASILEIRA

por **TIAGO PAVINATTO**

MILEI:
LIVRAI-NOS DO CAMBALACHO

Fui a Buenos Aires pela primeira vez em novembro de 2010. Cristina Kirchner estava no terceiro ano do seu primeiro mandato presidencial sequencial aos quatro anos de seu marido, Néstor Kirchner, que falecera duas semanas antes (27 de outubro de 2010 em decorrência de uma parada cardíaca). O casal de "peronistas", tal qual Lula no Brasil – por aqui, Lula terminava o seu segundo mandato e emplacava Dilma Rousseff como a sua sucessora –, foi incensado pela recuperação econômica alcançada pelo antecessor, Eduardo Duhalde, em seu breve período como presidente da República Argentina nomeado pelo Congresso (2002-2003).

Sozinho no dia do meu aniversário, saí do Café Tortoni e andava, a esmo, pela Avenida de Mayo, uma avenida de dez quadras que liga a Praça de Mayo ao Congresso argentino. Em certo ponto, ouvi tocar um delicioso tango eletrônico diferente do refinamento psicodélico do tango do Gotan Project, grupo musical formado em Paris do qual eu já era fã. Parei. Era uma espécie de garagem convertida em loja de CDs (os algozes devidamente vingados dos discos de vinil) onde entrei e tive a felicidade de descobrir a música de uma banda argentina de tango fundada, alguns anos antes, em Barcelona: Otros Aires.

Além de dois discos da Otros Aires, comprei o DVD (outro artefato da antiguidade contemporânea em fase avançada de extinção) de um documentário musical bastante emocionante que registra o encontro de grandes mestres da era de ouro do tango argentino nas décadas de 1930 e 1940. Nesse filme, conheci Virginia Luque (1927-2014), *a estrela de Buenos Aires*. Atriz do rádio, do cinema, da televisão, do teatro e, em especial, espetacular cantora de tango, sua voz potente e repleta, em cada sílaba cantada, de sentimentos me levou a buscar o máximo de gravações suas que eu pudesse encontrar. Foi então que escutei, pela primeira vez, "Cambalache": escrito em 1935, o debochado tango de Enrique Santos Discépolo Deluchi, um dos mais prolíficos compositores argentinos, critica as barbaridades cometidas pela humanidade – e, tragicamente, é visto também como uma espécie de profecia da Segunda Guerra Mundial.

Traduzo, assim, a letra de "Cambalache", composição que é, desde sempre e para sempre talvez, bastante ilustrativa de cada um dos momentos caóticos e críticos da História da nossa civilização:

> *Que o mundo foi e será uma porcaria eu já sei*
> *Em 506 e em 2000 também*
> *Que sempre houve ladrões, maquiavélicos, enganados*
> *Contentes e frustrados, originais e falsos*
>
> *Mas que o século XX é uma vitrine*
> *De maldade insolente, já não há quem negue*
> *Vivemos chafurdando em um merengue*
> *E, no mesmo lodo, somos apalpados*
>
> *Hoje, resulta que é o mesmo ser direito ou traidor*
> *Ignorante, sábio, besta, pretensioso, enganador*
> *Tudo é igual, nada é melhor*
> *É o mesmo um burro que um grande professor*
>
> *Sem etapas nem hierarquia*
> *Os imorais se igualam a nós*
> *Se um vive na impostura e o outro afana em sua ambição*
> *Dá no mesmo seja padre, preguiçoso, rei das festas, atrevido ou clandestino*
>
> *Que falta de respeito, que atropelo à razão!*
> *Qualquer um é proprietário, qualquer um é um ladrão*
> *Misturam Toscanini com Don Bosco e La Mignon*
> *Don Chicho e Napoleão, Camera e San Martin*
>
> *Igual a uma vitrine despeitada*
> *Dos cambalachos que confundem a vida*
> *Ferida por um sabre já sem ponta*
> *Por chorar a bíblia junto ao aquecedor*

Apresentação à Edição Brasileira

> *Século XX cambalacho problemático e febril*
> *Aquele que não chora não mama; quem não rouba é imbecil*
> *Apenas vai, vai que cola... lá no inferno vamos nos encontrar*
> *Não penses mais, senta-te ao lado... ninguém se importa se nasceste honrado*
>
> *Se é o mesmo quem trabalha*
> *noite e dia como um boi*
> *Que quem vive explorando,*
> *que quem mata, que quem cura ou que está fora da lei*

Cambalacho é sinônimo de enganação, trambique, falcatrua; é uma operação fraudulenta, uma tramoia engendrada para prejudicar terceiros através do engano, de maneira que, mais do que lesar pessoas, faz com que elas colaborem, de certa forma, para o resultado danoso. Em outras palavras, o cambalacho é uma modalidade de golpe facilitado pela vítima que foi levada a crer estar agindo certo ou em virtude do bem. Ou ainda: cambalacho pode ser definido como a arte de travestir o mal, disfarçá-lo de bem.

Um cambalacho tem sucesso através da falsificação de situações, isto é, quando a tais situações se atribuem palavras socialmente válidas e juridicamente aceitas, palavras cujos significados garantam e assegurem essas situações publicamente, já que a descrição natural delas significaria algo oposto ou, simplesmente, diverso dessas palavras artificialmente correlacionadas.

O cambalacho pontual e pessoal é, por si só, um triste e condenável entrave civilizacional. Aplicado em grande escala, o cambalacho, a depender do sucesso, pode se transformar verdadeira arma de destruição em massa. Em política, o risco dessa potencialização inovadora do cambalacho torna-se concreto a partir da banalização do conhecido e costumeiro cambalacho eleitoral, uma vez que, normalizado e aceito (quer dizer, quando impune), vitoriosa a campanha cambalacheira, são muitas as chances para que o cambalacho eleitoral seja oficializado e, assim, transmutado em cambalacho estatal.

A conclusão que acabo de apresentar acima também se confirma através de um conceito sociológico amplamente utilizado pelo progressismo ignaro e panfletário de maneira absolutamente equivocada, qual seja, a *estruturalidade*. Maquiavelicamente, a logorreia militante desnatura a *estruturalidade* em estruturalismo promovendo a confusão entre dois conceitos elementares, quais sejam, *estruturado* e *estruturante*, de maneira a estimular a verborragia discursiva para a aprovação de leis não somente desnecessárias, mas ilógicas e insustentáveis.

Ao passo que *estruturante* se define como um princípio ou sentimento coletivo que promove e encoraja, de maneira informal, práticas e representações não regulamentadas e não reguladas objetivamente, *estruturado* é aquilo que pode suceder ao *estruturante* na forma de regras objetivamente adaptadas à finalidade *estruturante*. O *estruturante* pode vir a ser o *estruturado* (ou não), pois é aquilo que fundamenta o *estruturado*. Por sua vez, *estruturado* pode ser definido como *um estruturante oficializado que, assim, deixa de ser tão somente tolerado, tornando-se permitido ou obrigatório*.

Se, de um lado, somente o que está *estruturado* pode qualificar alguma coisa como *estrutural*, de outro, as relações interpessoais, as culturas e a própria História serão apenas, naturalmente, elementos *estruturantes* que podem, ou não, vir a ser estruturados, ou seja, objetivamente institucionalizados (normas, políticas públicas etc.), sem o que nada é *estrutural*.

Disso decorre que o cambalacho eleitoral é, apesar de ilegal e imoral, um fato estruturante do cambalacho estatal, que, por sua vez, é uma realidade estruturada a partir da oficialização do cambalacho. Nesse caso (na pior das hipóteses), como política estatal, o cambalacho estruturado representa verdadeira afronta humanitária, pois tem o condão de esvaziar palavras dos seus significados (embora artificial, a oficialidade é o fator preponderante nessa operação, já que ela traz consigo a coercividade) e, assim, forçá-las a prescrever situações não assimiláveis, incabíveis, de modo a ressignificar conteúdos a partir de ideias centrais e fundamentais mal concebidas pela população e confundir, metódica e insistentemente, o inconsciente coletivo nacional sobre o significado dessas palavras até que resulte na banalização dos atos semanticamente contrários ou contraditórios a elas.

Em outras palavras, o cambalacho estruturado define agressões como boas ações; insiste em dizer que vícios são virtudes, pregando falhas morais como virtudes morais falhas. O cambalacho traveste o mal de bem até que, banalizadas as ações reprováveis e injustas – mas inseridas a marretadas dentro de conceitos nobres e justos –, todo um povo caminhe rumo à banalização do mal.

Mundialmente, a tragédia do cambalacho estruturado estatal já se fez anunciar, fundamentalmente, a partir do esvaziamento dos conceitos de "fascismo", "democracia", "extremismo" (bem como dos seus derivados) e sua aplicação adulterada em situações fáticas para prejuízo de qualquer inimigo e proveito, é claro, de quem assim as utiliza. Assim, levado a cabo publicamente através das instituições de Estado, o cambalacho é, sem dúvida, a estruturação de uma desgraça humanitária cujos danos diretos e sequelas são, lamentavelmente, muito bem conhecidos na História.

Se, por derradeiro, comparo campanhas e candidatos cambalacheiros às lagartas, governos e autoridades corresponderão às borboletas. Caros leitores: corram para as colinas, pois a colorida asa do cambalacho tem rompido, pouco a pouco, a estrutura (o Direito e, consequentemente, a Democracia) do casulo (o Estado).

Meu leitor compatriota logo perceberá que, no Brasil, o *cambalacho estrutural* tem se tornado à prova de balas pelas polícias políticas judiciárias que exumam dos jazigos os pruridos de pudores beatos das velhinhas carolas da pequena burguesia que caminharam em sua procissão até o final da década de 1970. Palavrões e adjetivos, por aqui, tornaram-se males mais graves que homicídio, estupro e pedofilia. A ascensão do *cambalacho estrutural* é o triunfo político da hipocrisia... E não há democracia nem liberdade que sobrevivam, ao fim, à hipocrisia estruturada.

Nesse sentido, Javier Milei é um herói. Mesmo que ele não consiga vencer, ao longo dos seus quatro anos como presidente da República Argentina, cada uma das batalhas pontuais no campo da economia, pode-se afirmar que ele venceu uma batalha não menos complexa – batalha que, no Brasil, ao que tudo indica, tornou-se inglória –, a luta na lama em uma sala de espelhos que é o Cambalacho. Nessa luta, Milei esteve, de um lado, acompanhado das redes sociais; do outro, o Cambalacho era auxiliado por autoridades políticas, dinheiro público, presidentes de outros países e toda a imprensa tradicional, não somente a argentina, mas a de todo o mundo, que jamais sentiram vergonha em atribuir a Milei os adjetivos de praxe de todo aquele que ousa desafiar o progressismo dos cafetões da miséria: *extremista, antidemocrata, negativista, populista, fascista* e... especialmente ao argentino, *LOUCO*.

Loco era o apelido de Javier Gerardo Milei desde o seu colégio de classe média em Buenos Aires, o Colecio Cardenal Copello, quando sonhava em ser um astro de rock, onde sofria bullying de seus colegas em razão do seu jeito considerado esquisito. Seus adversários políticos lançaram mão do velho apelido escolar... Mas Milei, mais homem da ciência que da política, soube sustentar, também nesse vale-tudo identitário que sucumbe perante qualquer identidade indomada o suficiente para não se submeter como massa de manobra, as melhores qualidades de um verdadeiro, conforme o pensamento de Karl Popper, iluminista grego, isto é, do velho mestre de Heráclito, Xenófanes.

Popper ensina que,

> *"de todos os filósofos da época que acreditavam na existência de deuses, Xenófanes era, segundo Cícero, 'o único que repudiava energicamente a prática da adivinhação do futuro'. Sem dúvida, isso faz de Xenófanes também um forte opositor ao xamanismo".*[1]

Nesse sentido, foi a liderança exercida por Xenófanes no Iluminismo antigo que explica o padrão anteriormente mencionado: a velha tradição de rebaixá-lo, haja vista que ele

> *"chegou muito perto de antecipar as noções do Iluminismo europeu, noções não respeitadas pela elite dos intelectuais que praticavam o abuso delas para ampliar seu próprio poder, sobretudo o poder sacerdotal ou (mais tarde) o poder político".*

Em paralelo, Milei pouco se importou com o apelido preconceituoso: loucos são os seus adversários que acreditam em soluções mágicas para os problemas econômicos (se é que acreditam, pois, ao que indica, sequer pensam em solucionar qualquer problema tendo em vista a manutenção dos seus próprios privilégios de casta).

Sim, Milei era louco; assumidamente louco, de maneira que somente um louco assumido poderia, como Xenófanes, alcançar a façanha iluminista de representar

> *as ideias de lutar pela verdade e contra as trevas; falar e escrever de modo lúcido e modesto; praticar a ironia e, sobretudo, a ironia contra si mesmo; evitar a pose de pensador profundo; examinar a sociedade com olhos críticos e contemplar o mundo com maravilha e com contagiante curiosidade.*

"Praticar a ironia e, sobretudo, a ironia contra si mesmo": talvez seja essa característica de Xenófanes (perfil destacadamente festejado pelo maior filósofo da ciência contemporânea, Karl Popper) a que melhor descreva Milei.

Estive junto a ele na noite dia 10 de dezembro de 2023. Naquele domingo, o evento que encerrou as solenidades da sua posse como presidente da República

---

1. POPPER, Karl. *O mundo de Parmênides*. 2. ed. São Paulo: Unesp, 2019, p. 37-39.

Argentina tomou lugar no majestoso Teatro Colón, uma das casas de ópera mais prestigiadas do mundo ao lado da Ópera de Paris e do La Scala de Milão. Eu estava sentado no térreo do teatro, na orquestra, quando Milei surgiu ao meu lado e, como um gladiador ao centro de um coliseu, foi aplaudido por todos, nível sobre nível, em cada um dos níveis superiores do lugar. Subiu ao camarote do primeiro nível e, após bradar *"Viva la libertad, carajo!"*, seu lema de campanha, foi nova e demoradamente aplaudido.

Cessados os aplausos, a primeira surpresa para todos nós, ali, presentes: surge, no palco, um Raúl Lavré, no alto de seus 86 anos, forte dizendo *"Ai! Las tardecitas de Buenos Aires..."*. Raúl Lavré, *El Nego*, um dos mais premiados e famosos dentre os atores e cantores de tango argentinos, recita, entoa e canta, emocionadamente, a famosa música de Astor Piazzola, "Balada para um loco".

Afinal, como diz a canção: "Louco, louco, louco, como um acrobata insano", Milei acabara de pular sobre "o abismo do decote" kirchnerista e, assim, "enlouquecer os corações de liberdade".

Através deste relato pessoal, agradeço às Edições 70 e ao Grupo Editorial Almedina a confiança depositada para **traduzir**, **apresentar**, **anotar** (o caro leitor vai se deparar com mais de uma centena de "Notas do Tradutor" em virtude da preocupação, sempre presente, de facilitar a sua vida, familiarizando-o com temas nacionais argentinos mencionados ao longo do texto e distantes da cultura da maioria dos falantes da nossa língua portuguesa, bem como buscando esclarecer conceitos econômicos, ideológicos e personagens mencionados, mas não devidamente apresentados no texto original, pois triviais apenas àqueles iniciados no campo do libertarianismo) e também **ampliar** (não poderia eu, afinal, deixar de incluir, nesta edição brasileira, dois grandes discursos proferidos por Milei, já como presidente empossado; textos que inseri como nova e terceira parte deste livro, logo antes da sequência final dos quatro anexos da edição italiana) esta obra que, em tempo, chega aos leitores brasileiros e portugueses como justo reforço na guerra que todo cidadão de bem deve travar contra o Cambalacho.

PREFÁCIO À EDIÇÃO BRASILEIRA

por **GUSTAVO SEGRÉ**

JAVIER GERARDO MILEI:
DE GOLEIRO, MÚSICO E COMENTARISTA ECONÔMICO A PRESIDENTE DA ARGENTINA

Com Javier Milei tenho várias coisas em comum e também algumas divergências; mas todos nós que, alguma vez na vida, já cruzamos com Javier Milei devemos concordar com a coerência das suas falas e de todas as suas ações.

Lembro o dia em que, pela primeira vez, ouvi falar de Javier Milei: ele era entrevistado pela jornalista argentina Viviana Canosa, que me perguntou se a situação argentina era tão ruim como Milei havia descrito. Nesse mesmo dia, busquei saber quem era esse economista e me deparei com um comentarista econômico de cabelo cumprido e despenteado, com formas questionáveis de debater com quem não pensava como ele... Se alguém o provocava, logo ele começava a gritar e a tratar de "burro" (esse era o exato termo que ele usava), rebaixando o conhecimento do seu debatedor com relação ao conhecimento que ele mesmo se adjudicava (um conhecimento que, em termos econômicos, é, de fato, inquestionável).

Milei se definia como anarcocapitalista, e certa vez, em uma conferência na Universidade de Belgrano, tive oportunidade de ouvir o seu discurso, que foi, ali, também ouvido por uma das maiores autoridades do liberalismo argentino, o professor Alberto Benegas Linch Filho, que afirmava que o anarquismo não estava nada perto do capitalismo. A partir dessa observação de Benegas Linch, Milei passou a utilizar o termo "minarquista" como pensamento prático que defende a existência de um Estado com o menor tamanho e a menor interferência social possíveis, deixando a palavra anarcocapitalista para o debate teórico.

Javier Milei foi goleiro de futebol, músico numa banda de rock, ator de teatro, escritor, professor universitário, comentarista econômico em programas de televisão, conferencista... Sempre uma pessoa totalmente disruptiva em suas falas, desde o título de suas exposições até o conteúdo de suas expressões. Nunca teve o mínimo pudor em criticar, até com fortes xingamentos e palavrões, o que ele denominou "a casta política", em alusão aos políticos tradicionais que, segundo ele, tinham provocado a crônica situação econômica da Argentina.

No âmbito político, foi assessor de presidenciáveis: em 2012, fez parte de equipe econômica de Daniel Scioli; entre 2013 e 2015, trabalhou nas equipes técnicas do então candidato Sergio Massa. Quis o destino, contudo, que se tornasse presidente da nação, concorrendo precisamente com Massa, derrotando-o por mais de dez pontos. Um resultado histórico por parte de um candidato da direita em disputa com um candidato da esquerda.

Milei, que já foi expulso de programas de TV por fazer chorar uma participante; enfrentou alguns processos judiciais por sua falta de inteligência emocional no trato com aqueles que contrariavam seus pensamentos. Entretanto, seu palavrório traz um mérito inquestionável: grande parte da juventude, inclusive aquela *esquerdizada*, começou a se interessar pela política e pela economia argentinas. Por sua forma de se expressar, Milei era, para muitos, um palhaço midiático, mas, inegavelmente, o eleitor o levou muito a sério ao decidir mudar o futuro da sociedade argentina.

Pessoalmente, na emissora Net TV, tive a oportunidade de debater a economia argentina com Milei. Ele expunha o fato de que os estudantes das universidades públicas eram, naturalmente, de esquerda e também questionava a existência do Banco Central, ao qual atribui a responsabilidade por gerar inflação ao invés de combater esse mal. Eu, que tinha estudado em universidade pública e estava (como ainda estou) longe de ser de esquerda, expus a Milei que o problema do Banco Central não estava na instituição em si, mas na falta de autonomia decisória e de condução por técnicos capazes de propor políticas monetárias saudáveis para o país. Esse meu questionamento levou Milei a me definir como "liberal de esquerda" (risos).

Já amigos, quando Milei namorava uma cantora argentina, Daniela, combinamos que nós três cantaríamos, no carro, uma canção de Marc Antony, "Vivir mi vida". Infelizmente, não conseguimos levar adiante esse plano... Agora, Milei está tentando melhorar a vida dos argentinos.

Não será tarefa fácil, mas, pela energia que vi durante tantos anos, compartilhando ideais econômicos apesar das divergências, posso afirmar que Milei tem capacidade de sobra para conquistar um objetivo bastante ambicioso. Basta que ele deixe de lado o personagem "Milei" para se transformar no estadista, que ele tem capacidade de sobra para ser, das ideias da liberdade de que a Argentina precisa.

Em coro com o atual presidente da República Argentina, muitos de nós, liberais argentinos, definimos o liberalismo com uma frase do professor Alberto Benegas Linch Filho: "O liberalismo é o respeito irrestrito pelo projeto de vida do próximo".

Entonces, ¡¡¡*VIVA LA LIBERTAD, CARAJO*!!!

PREFÁCIO À SEGUNDA EDIÇÃO ITALIANA

por **LEONARDO FACCO**

"SE SIENTE, SE SIENTE, MILEI PRESIDENTE"

CRÔNICAS ARGENTINAS SOBRE A ELEIÇÃO DO PRIMEIRO LIBERTÁRIO NA HISTÓRIA À PRESIDÊNCIA DE UMA REPÚBLICA

Panta rei[2]

> São muitos os que se propõem a seguinte pergunta: "Que coisa Javier Milei ambiciona?". Certamente, "fazer política", alguém dirá; "conseguir uma poltrona bonita e confortável com um rico salário público", dirá algum outro. Ao que me parece, esse não é o caso, muito embora – mais cedo ou mais tarde – ele possa acabar sendo candidato à presidência da Argentina, talvez já em 2023.

Escrevi estas palavras na primeira edição do livro *Viva a liberdade, carajo*, uma coletânea, por mim organizada, de ensaios escritos pelo atual presidente argentino que foi publicada em meados de 2020 e dedicada à defesa das

---

2. *Panta rei* (em nossa pronúncia alfabética para πάντα ῥεῖ) é a expressão que, no grego arcaico (*koinē*), resume a grande lição do filósofo Heráclito de Éfeso (cidade grega antiga na costa da Jônia, atual Turquia). Em português, significa "tudo flui" [πάντα, palavra muito utilizada, ainda hoje, como advérbio ("sempre; eternamente"), foi (a despeito de esse emprego ainda continuar correto no grego moderno), no grego *koinē*, comumente utilizada como pronome, ou seja, significando "tudo"; por sua vez, ῥεῖ é a inflexão do verbo ῥέω (/réō/), **que significa "fluir, correr"**)]. A frase completa atribuída a Heráclito por Platão no seu diálogo *Crátilo* (e, através desse texto, reaparece em *Metafísica, IV*, de Aristóteles) é a seguinte: "Πάντα ῥεῖ καὶ οὐδὲν μένει" *(ta panta rei kai ouden menei)*; em português, "tudo flui, nada permanece". Tudo se move, as coisas, todas as coisas, mudam; tudo, na natureza, está em fluxo eterno, em contínua transformação, de maneira que, ensinava Heráclito já no século V antes de Cristo, *ninguém pode banhar-se duas vezes nas mesmas águas de um mesmo rio*. Isto é, as águas correm, fluem, como tudo na vida, de maneira que as águas que me banham, agora, neste rio, amanhã já terão corrido para outro lugar ou mudado de estado físico para, depois, quem sabe, cair até mesmo em lugar muito distante desse rio na forma das gotas de uma chuva por exemplo. (N.T.)

liberdades individuais e do direito de propriedade. Ao conteúdo dessa coletânea acrescentei, nesta edição, algumas intervenções minhas, bem como uma entrevista com Javier Milei.

Mas, como nos teria ensinado Heráclito, "Tudo flui". Para o filósofo grego, o universo é uma "alternância contínua de opostos como o dia e a noite, ou o calor e o frio". Nada permanece inalterado, tudo muda constantemente.

Há quem defenda que somente os homens abjetos e os insípidos não mudam as suas próprias ideias, mesmo que estas se baseiem em crenças tolas. Milei não é nem abjeto nem insípido; ele teve que reconsiderar algumas ideias.

Para mim, o professor de economia é um amigo que tem provas dessa amizade desde que nos conhecemos há quase cinco anos: apresentamos, juntos, um livro meu na companhia de Lew Rockwell, um dos principais expoentes do Mises Institute of Auburn e colaborador de Ron Paul,[3] eleito, várias vezes, congressista nos Estados Unidos da América; escrevi para Milei o prefácio de *Pandenomics*, detalhadíssima obra sua sobre os desastres da gestão da covid-19 na terra albiceleste;[4] Milei participou, duas vezes presencialmente, das assembleias do Movimento Libertário do qual sou o fundador; fui seu convidado em transmissões ao vivo organizadas em suas redes sociais com dezenas de milhares de espectadores.

---

3. Nascido em 1935 em Pittsburgh, estado da Pensilvânia, o médico Ron Paul foi eleito, por seis vezes e pelo Partido Republicano, membro da Câmara dos Representantes dos Estados Unidos (equivalente à Câmara dos Deputados no Brasil) pelos 14º (por duas vezes) e 22º (por quatro vezes) distritos do estado do Texas. Libertário, nunca votou a favor dos aumentos, quer de impostos, quer de salário dos congressistas; foi apelidado na Câmara de *Doctor No*, nome do primeiro vilão da franquia dos filmes do Agente 007, James Bond – não por ser um sujeito mau, mas porque, além de médico (*Doctor*), para todo projeto que julgava inconstitucional (e foram muitos) ele votava "Não" (*No*). Pai do também médico e político conservador líder do Tea Party Rand Paul (senador pelo estado do Kentucky por quase quinze anos), Ron Paul deixou o Partido Republicano entre 1987 e 1996 e, em 1988, concorreu à presidência dos Estados Unidos pelo Partido Libertário. Nessa corrida que elegeu o presidente George Bush, Ron Paul, sem voto de nenhum Colégio Eleitoral, teve 0,47% dos votos populares (quase 432.000 votos), um resultado animador para os libertários, pois quase dobrou os 0,25% votos da eleição anterior, em 1984, quando David Bergland foi candidato – e o resultado pífio de 1984 foi desanimador para o Partido Libertário, que em 1980, na sua primeira corrida eleitoral à presidência, fez 1,06% dos votos populares (mais de 921.000 votos) com Ed Clark, tendo retornado, em 1996, ao Partido Republicano, no qual foi pré-candidato à presidência nas prévias de 2008 e de 2012. As três investidas de Ron Paul, mais uma vez filiado ao Partido Libertário desde 2015, ao cargo de presidente dos Estados Unidos tornam a presente explicação oportuna, uma vez que ele representa uma espécie de modelo a ser seguido pelos libertários; um ídolo ou, até mesmo, um herói na vida de libertários como o atual presidente argentino Javier Gerardo Milei, que, quis o destino, conquistou o sonho lutado por Ron Paul, ser o primeiro presidente libertário de uma República Democrática. (N.T.)

4. Albiceleste é um neologismo que faz menção às cores branca e azul-celeste presentes na bandeira da Argentina e na camisa da seleção nacional de futebol. (N.T.)

A isso se acrescentam as nossas muitas conversas sobre o libertarianismo ao telefone e o nosso encontro, em outubro de 2019, na cidade de Buenos Aires, por ocasião do primeiro turno das eleições presidenciais.

No entanto, como mencionado acima: "*Panta rei*".

Ainda em 2020, enfatizei o seguinte aos meus leitores:

> *Javier Milei é a encarnação da antipolítica; é, portanto, da anticasta![5] Sua atitude é, genuinamente, antipolítica; é a atitude pertinente àqueles que se opõem à arte do compromisso reduzida à mera prática de poder e que, por isso, criticam os partidos e os seus capangas, considerando-os dedicados à pura satisfação dos seus interesses pessoais e não aos interesses comuns.*

---

5. *Anticasta* é um neologismo presente no vocabulário libertário que foi definido por Javier Milei, em entrevista concedida ao canal de notícias argentino La Nación+ no dia 11 de dezembro de 2021, como "contrário aos que estão na política, mas são imorais". Biologicamente, a palavra casta significa *grupo de exemplares de uma mesma espécie animal ou vegetal diferenciado dos demais exemplares por caracteres hereditários secundários*. Se, para a vinicultura, o respeito às castas é essencial, sociologicamente a aplicação do termo é um desastre, pois, historicamente, ao separar uma população em grupos endógamos (que apenas se reproduzem dentro da sua casta), acaba por criar hierarquias sociais rigidamente estabelecidas. Uma vez que a infinitude do pensamento humano comunga com os mistérios da Criação e porque, geneticamente, inexistem vantagens existenciais ligadas a tais grupos hereditários secundários, a estratificação social a partir de castas humanas definidas, quer pelas etnias, quer pelas religiões, quer pelas ideologias é, ao contrário das uvas, biologicamente inútil e humanitariamente nociva. A exemplo do sistema de castas ainda encontrado em muitos lugares da Índia que relega centenas de milhões de indianos à pobreza, sem contar a experiência da política de casta "ariana" na Alemanha sob o nazismo, pensar em castas humanas é produzir, tão somente, injustiça e morte (consequência da injustiça). Todavia, quando libertários como Leonardo Facco (organizador da presente obra) ou Javier Milei se referem a *castas*, eles falam de uma classe dominante que, como uma quadrilha, uma organização criminosa fechada e hierarquizada, toma de assalto um país para decidir, legislar e implementar políticas alardeadas como "vitórias da justiça social", mas que, na realidade, apenas instrumentalizam a manutenção dos privilégios desse grupo político com a intenção de se perpetuar no poder e que, para tanto, não medem esforços para dificultar a mudança dos seus quadros internos e estatais (por esse grupo, essa casta, apropriados), bem como o ingresso de *outsiders* nesses quadros e também expelir, internamente, os infiéis e, externamente, qualquer agente defensor de novos modelos ou relevantemente contestador. Em suma, para um libertário, ser da *anticasta* é estar fora e lutar contra o *establishment* político. Por fim, cumpre destacar que tal denotação política do termo casta não é exclusivo do libertarianismo: Na Espanha, por exemplo, ele é utilizado contra os inimigos tanto da esquerda populista (vejam-se os discursos de Pablo Iglesias) quanto da direita populista (tamanha a sua utilização nas falas de Santiago Abascal); e, se pensarmos em Mahatma Gandhi, que foi ele senão um anticasta indiano? Em suma, seja de esquerda ou de direita, as *castas políticas* são um fato indisfarçável (no Brasil e, até mesmo, nos Estados Unidos da América) e antidemocrático... Qualquer agente político comprometido com a democracia deve ser, sempre e essencialmente, alguém da anticasta (de direita ou de esquerda e de acordo com as incompreensões populares dessas expressões). (N.T.)

Poucos meses depois destas minhas declarações, aparentemente peremptórias, recebi um comunicado oficial do professor Milei: "Entrarei na política. Fundarei um partido e vou me candidatar, nas eleições de meio de mandato, a uma vaga no Congresso".

Ele me confirmou por telefone. Conversamos sobre isso por muito tempo. Eu disse a ele que não concordava com a sua escolha, mas que a respeitava, porque tinha um respeito enorme por ele.

Ele me explicou o motivo dessa decisão de forma concisa:

> *Aqui, tudo está desmoronando; a Argentina caminha direto para a hiperinflação e para mais uma falência. O futuro que temos pela frente é o de nos transformarmos em uma Venezuela. Só há duas maneiras de mudar as coisas: ou você pega em armas – mas as condições próprias para isso não existem – ou você entra na política... E você sabe o quanto isso me enoja. Mas as pessoas me pedem na rua. No entanto, meu objetivo é alto. Não me interessa ser eleito deputado, o plano é vencer a corrida eleitoral de 2023 para a Presidência da República Argentina. E, a partir daí, devolver ao liberalismo o seu legítimo papel.*

Tendo eu anotado os seus desejos, fiz a ele apenas uma pergunta: "Você está pronto para ser vítima de todo tipo de acusação, falsidade, de mentiras? Porque o sistema é forte, o Estado é criminoso e vão assassinar a sua reputação".

A sua resposta foi clara: "Não tenho esqueletos no armário e saberei me defender".

A conversa continuou com uma série de conselhos que dei a ele, entre os quais, em especial, o de evitar colocar dinheiro público no bolso, mesmo que fosse aquele a que ele teria direito como salário de parlamentar. Assim o fez! Todos os meses, durante dois anos, passou a sortear uma pessoa para entregar o seu salário.

Em suma, no final de 2021, em novembro, Javier Milei, ex-líder do Partido Libertário, juntamente com Victoria Villaruel (a sua, hoje, vice-presidente), foi eleito deputado nacional pelo partido que fundou em julho do mesmo ano, *La Libertad Avanza*.

Com mais de 17% dos votos obtidos naquele turno eleitoral, Milei e seu bando de liberais-libertários soaram o primeiro alarme dentro dos muros do poder peronista e kirchnerista e hastearam uma miríade de bandeiras de Gadsden,[6] que passaram a colorir de preto e amarelo as reuniões daqueles que estavam fartos da *casta*.

Certa vez, Sérgio Ricossa[7] argumentou:

> Um Partido Libertário é uma contradição em termos. Luta pelo poder com o objetivo de não o exercer. Tenta dominar o Estado para suprimi-lo. Organiza-se para destruir todas as organizações em nome da anarquia. No máximo, um Partido Libertário pode ser, por coerência, um centro de informação sobre o anarcoindividualismo: Um de muitos desses centros, porque o anarcoindividualismo não tem um único pensamento. É um pensamento aberto, com uma evolução que se ramifica em variações sempre novas.

A partir dos argumentos de Ricossa, pensemos no convite que o Dalai Lama, certa vez, fez à humanidade: "Abra os braços para mudar, mas não abra mão dos seus valores".

Será que Milei conseguirá dar um novo sentido político ao partido libertário que o elegeu presidente de uma República, sem esquecer, ao mesmo tempo, aqueles valores anarcocapitalistas que tanto pregou e dos quais ele é, hoje, um testemunho vivo em nível internacional?

Dólares e inflação

No dia 18 de outubro de 2023, aterrissei em Ezeiza, aeroporto internacional de Buenos Aires, bem a tempo de assistir ao último evento de campanha na corrida eleitoral presidencial daquele ano; a votação aconteceria dentro de poucos dias.

---

6. A bandeira de Gadsden, símbolo tanto do liberalismo clássico quanto do libertarianismo, foi criada, durante a Revolução Americana iniciada em 1775, por Christopher Gadsden (principal líder patriota da Carolina do Sul durante a revolução que culminou com a independência das Treze Colônias em 4 de julho de 1776, rompendo-se, assim, a submissão ao Império inglês e fazendo surgir os Estados Unidos da América). A bandeira amarela com a imagem de uma cascavel contraída (enrolada), mas pronta para o ataque, sob os dizeres *"Don't Tread On Me"* (em português, "Não pise em mim"), é o símbolo que Benjamin Franklin havia escolhido, já em um comentário publicado no seu jornal, o *Pennsylvania Gazette*, em 1751, para representar as colônias inglesas na América e que foi impresso na famosa xilogravura de 1754 durante a Guerra Franco-Indígena; o lema sob o réptil, contudo, não era o mesmo: *"Join or Die"* ("Junte-se ou morra") eram os dizeres de Franklin. (N.T.)

7. Economista italiano e professor da Universidade de Turim. Entusiasta do liberalismo e focado na chamada Teoria do Valor (conjunto de explicações para a variação dos preços de bens e serviços), Ricossa, que faleceu aos 88 anos em 2016, foi um polêmico colaborador dos periódicos *Il Giornale* e *La Stampa* e membro das prestigiosas Mont Pelerin Society e Accademia dei Lincei. (N.T.)

Depois de anos de trocas de mensagens e bate-papos on-line (e na sequência de algumas ocasiões perdidas), eu queria ir ao encontro de Javier Milei, a quem eu garantira que, mais cedo ou mais tarde, lhe apertaria a mão, pessoalmente, em sua casa.

Durante alguns anos, o economista pirotécnico bonaerense esteve sentado no Parlamento, onde lutou sob a bandeira de "Chega de impostos, chega de Estado". Além disso, como prometido, ao vivo, no seu Instagram, ele sorteava, todos os meses e cercado de testemunhas oficiais, o seu salário de parlamentar e ligava para o sortudo a fim de parabenizá-lo e obter o Iban[8] para efetuar o pagamento dos pesos, que, nas suas próprias palavras, "pertencem aos contribuintes".

Nesse meio-tempo, sua longa corrida à Casa Rosada estava iniciada. Desde o final de 2021, ano de sua posse no Congresso, Milei acumulou algumas centenas de milhares de quilômetros ao percorrer toda a extensão do seu país; acumulou também um montante excepcional de horas em aparições na televisão, onde era convidado não apenas como candidato ao mais alto cargo do poder político (momento em que já era oficial a notícia da sua candidatura), mas, antes e diante de uma inflação que começava a galopar, como especialista em economia.

Entre 2019 e 2021, Milei gritou aos quatro ventos que o governo de Alberto Fernández[9] levaria o país à beira da hiperinflação. E assim aconteceu, apesar de todas as manobras oficiais adotadas pelos kirchneristas, começando por controlar a taxa de câmbio entre o dólar e o peso, passando, sucessivamente, a estabelecer limites aos preços e, por fim, subsidiando diversos bens de primeira necessidade.

---

8. International Bank Account Number (Iban) é uma sequência numérica adotada como padrão internacional para transferências bancárias. Em si, o Iban é um padrão internacional de identificação de contas bancárias que são registradas junto à Society for Worldwide International Financial Telecommunication (Swift). No Brasil, desde 2013, o código é utilizado para a realização de transferências bancárias entre contas brasileiras e de outros países. Na Europa, é código bancário padrão. O organizador e prefaciador da obra original é italiano e, parece certo, fez constar a sigla Iban em seu texto para melhor compreensão do seu público na Itália. No entanto, na Argentina, as contas bancárias não possuem código Iban. Lá, utiliza-se uma numeração padronizada própria com as siglas CBU (Clave Bancaria Uniforme) e CVU (Clave Virtual Uniforme) para identificar, respectivamente, as contas bancárias abertas fisicamente e aquelas virtuais. Apesar de julgar indevida qualquer correspondência que pretenda, mesmo que para fins didáticos, aproximar e reduzir os códigos CBU e CVB (com seus respectivos rosários de particularidades normativas) à praticidade do Iban ou, como no caso brasileiro para as prontas transferências entre contas nacionais, do PIX, mantive a referência do texto original. (N.T.)

9. O advogado, professor de Direito Criminal e político Alberto Ángel Fernández é antecessor de Javier Milei na Presidência da República Argentina, tendo ocupado o cargo por apenas um mandato, entre 2019 e 2023. Teve como vice a ex-presidente Cristina Kirchner, considerada por muitos cronistas a presidente de fato, uma vez que Fernández, desde 2003, figura como politicamente subordinado tanto a ela quanto ao seu falecido marido (e também ex-presidente argentino) Néstor Kirchner. (N.T.)

Todas as medidas corporativistas adotadas foram, essencialmente, corporativistas e somente fizeram o Índice de Preços ao Consumidor – IPC disparar. Enquanto isso, três pessoas se revezaram na cadeira do Ministério da Economia: Martín Guzmán, Silvina Batakis e, por último, Sergio Massa, que, ao final, se tornou o candidato oficial do governo Fernández e dos partidos de sua base aliada à presidência sob o lema "União pela Pátria".

Quando cheguei em Buenos Aires, a inflação anual acumulada – o bicho-papão de todo consumidor – girava em torno de 130%.[10] Em restaurantes e bares, os preços dos produtos eram escritos a lápis; em pequenos supermercados e quitandas, os proprietários usavam lousas para exibir os valores das suas mercadorias, que variavam de semana para semana.

O dólar, por sua vez, era negociado a vários preços, quase todos definidos pelo governo, com exceção do dólar *blue*, ou seja, aquele oferecido no mercado paralelo, o mercado real. Oficialmente, a depender da classificação do dólar como *mayorista* ou *turista*, *Mep* ou *CCL*,[11] seu valor variava de 350 a 840 pesos.

---

10. Ao final de dezembro (isto é, apenas dois meses após a constatação de Leonardo Facco), mês da posse de Javier Milei como presidente da República, a inflação fechou o ciclo anual em 211,4%, o maior índice em 33 anos (desde a hiperinflação vivida em 1990, cujo índice anual ultrapassou 1.300%). O índice de 2023, ou seja, o legado kirchnerista de 211,4% de inflação anual, comprovou que Milei estava certo no prognóstico que confidenciou a Leonardo Facco (ver anteriormente *Panta rei*) já no final de 2020: "*O futuro que temos pela frente é o de nos transformarmos em uma Venezuela*". Na verdade, o resultado argentino de 2023 levou o país a um patamar inflacionário pior que o da Venezuela, que teve uma alta acumulada da inflação calculada em 193% no mesmo período. (N.T.)

11. Em outubro de 2022, com o objetivo encarecer a demanda para algumas atividades no último trimestre do ano e evitar a queda das reservas internacionais, o governo argentino impôs três novas taxas de câmbio oficial: (*i*) o *dólar Catar* (assim chamado em razão da Copa do Mundo de 2022, é a cotação cambial diferenciada para os gastos em moeda estrangeira através de cartão de crédito ou débito argentino com passagens e pacotes turísticos que ultrapassem a cota mensal de US$ 300); (*ii*) o *dólar de luxo* (para atender aos consumidores que importam, por exemplo, veículos de luxo, jatos particulares e pequenos aviões, iates, bebidas alcoólicas *premium*, relógios, pedras preciosas); (*iii*) e o *dólar cultural* (também chamado "dólar *Coldplay*", por servir à contratação de artistas internacionais). Compunham, agora, um rosário profano de vinte categorias artificiais de cotação (a única real coincidiria com aquela que desafiava o desastroso planejamento governamental, qual seja, o *dólar blue* do mercado paralelo) criadas através lobby e pressões corporativistas (ocasiões perfeitas para decisões, minimamente, nada republicanas). Dentre elas, as quatro cotações referidas no texto, quais sejam, as denominadas **dólar mayorista** (o dólar no atacado praticado nas relações interbancárias), **dólar turista** (o dólar oficial do varejo acrescido de sobretaxas nas operações de compra pelos argentinos de bens no exterior que não ultrapassem o montante mensal de US$ 300), **dólar Mep** (é o "dólar Bolsa" aplicada aos títulos soberanos no mercado de ações, isto é, a cotação obtida através da compra, em pesos, de títulos públicos) e **dólar CCL** (cotação aplicado aos dólares resultantes de operações no mercado de ações que são depositados no exterior). Uma lista enorme: Desde *dólar solidário* até *dólar Netflix*, um ano depois, em outubro de 2023, as categorias cambiais somavam 27. (N.T.)

Estabelecidos por lei, eram 27 tipos diferentes de cotações para câmbio, uma loucura! Se, em vez disso, você caminhasse até a Calle Florida,[12] habitualmente repleta de cambistas clandestinos, a sua nota verdinha de um dólar chegava a valer mil pesos. Foi para lá que eu fui, obviamente!

Assim que deixei a minha mala no quarto do hotel que eu havia reservado, antes de ir para a Movistar Arena,[13] onde seria realizado o evento político de *La Libertad Avanza* – que também contaria com a presença do professor Alberto Benegas Lynch Hijo[14], pai histórico do liberalismo argentino –, decidi começar a sondar os humores das pessoas comuns, aquelas cujo almoço e jantar estão em uma só marmita,[15] eleitores que iriam às urnas no dia 22 de outubro de 2023.

No bairro de Almagro, onde eu estava hospedado, a primavera começava a esquentar os ossos apesar do frescor matinal. Na boca do povo, dois tópicos predominavam qualquer discussão: a péssima situação econômica do país e Javier Milei, que já era apontado por alguns institutos de pesquisa como vencedor no primeiro turno[16].

---

12. Outrora, o centro comercial mais elegante de Buenos Aires – e, por que não dizer, de toda a Argentina ou, até mesmo, da América Latina. (N.T.)

13. Arena (estádio) multiúso com capacidade para receber 15 mil espectadores. Localizada em Buenos Aires, a utilização da área onde está construída foi motivo de disputas jurídicas e governamentais por quase trinta anos: Desde 1991, quando foi adquirida pela iniciativa privada do *Club Atlético Atlanta*, permaneceu inutilizada até a sua desapropriação em 2005; todavia, a construção de um estádio somente começaria em 2014, mas foi interrompida no ano seguinte. As obras foram retomadas em 2017 e a Arena foi inaugurada em 1º de novembro de 2019. (N.T.)

14. Economista, professor, escritor e conferencista, o buenairense Alberto Benegas Lynch Hijo é considerado por Javier Milei como um dos próceres do liberalismo, tendo sido mencionado pelo atual presidente argentino tanto no discurso de posse, em 10 de dezembro de 2013, bem como, em 7 de janeiro de 2024, em sua fala no *Fórum* de Davos. Crítico ferrenho do papa Francisco, o mundialmente respeitado professor Lynch tem um parentesco curioso: apesar do histórico familiar conservador e liberal, é primo de segundo grau do comunista Ernesto "Che" Guevara. (N.T.)

15. Leonardo Facco faz uso da expressão italiana *"mettere insieme il pranzo com la cena"*. Uma tradução fria para o português seria "combinar almoço e jantar"; todavia, ela faz referência ao estado de pobreza de uma pessoa, a alguém que, trabalhando apenas para sobreviver, mal tem como se sustentar. No Brasil, equivaleria a dizer "vender o almoço pra comer a janta" (ou "vender o jantar pra comer no almoço"). Optei por adaptar a expressão italiana com um elemento bastante comum à conhecida figura do boia-fria brasileiro: a marmita. (N.T.)

16. O processo de eleição presidencial na Argentina começa antes do primeiro turno com a realização das "primárias": Denominado *Paso* (sigla de *"Primárias Abertas, Simultâneas e Obrigatórias"* – obrigatória aos eleitores de dezessete a setenta anos de idade), é um monstrengo eleitoral criado por Cristina Kirchner, em 2009, para uma medição das probabilidades de êxito na reeleição presidencial (ela concorreria à reeleição

Em seguida, o restante das queixas populares que ouvi referiam-se ao crescimento da delinquência, à escassez de alguns bens de consumo, à falta de gasolina e à corrupção desenfreada da classe política. Ao lado disso, alguns resmungos podiam ser ouvidos entre os torcedores de futebol mais fanáticos, já que o *Boca Juniors* enfrentaria o *Fluminense* na final da Copa Libertadores.

No meu modesto hotel, a maioria dos funcionários – alguns deles ilegais – militava por Milei. Os proprietários também estavam do mesmo lado político.

Tomei um Uber que era conduzido por um venezuelano que havia fugido da tirania de Maduro. Tentei entender quais eram as suas intenções de voto e o que ele achava da situação argentina. Sua resposta foi lapidar: "Faz cinco anos que eu fugi de Maracaibo e, aqui, consegui ficar bem; mas a situação argentina está pior a cada dia. Se o Massa ganhar, vou embora para a Espanha".

Peguei cerca de vinte Ubers durante minha estada em Buenos Aires: 70% dos motoristas questionados sobre o mesmo assunto afirmaram que "sem uma mudança radical, a Argentina acabaria em crise".

Um parêntese: O que é a dolarização?

O programa de governo proposto por Javier Milei e seu partido é, certamente, um compêndio libertário – nesta edição, disponibilizado, ao final, no Anexo IV.

---

em 2011... da qual foi reeleita) ou de vitória do candidato oficial. Eis a engenhosidade mefistofélica: se as primárias são desfavoráveis, todas as medidas econômicas populistas são, então, tomadas para a manutenção do poder (mesmo sob o risco de quebrar o país – o que, de fato, ocorreu em 2011, 2015 e 2023; não em 2019 por decência do então presidente Macri). Através delas, as legendas analisam se fizeram a escolha do candidato certo, mas, caso registrem menos de 1,5% dos votos, são automaticamente desclassificadas da eleição presidencial, que poderá ser definida em turno único ou em dois. No "primeiro turno" (que pode ser, repita-se, único), todos os candidatos das legendas não impedidas nas primárias competem pelo apoio dos eleitores e, ao final, se nenhum candidato obtiver uma maioria absoluta de 45% dos votos, ou, pelo menos, 40% com uma diferença de, no mínimo, dez pontos percentuais em relação ao segundo colocado, um segundo turno (denominado *balotaje*) é realizado entre os dois candidatos mais votados. Em 2023, Milei foi o candidato mais votado nas primárias de agosto (30,2% dos votos), enquanto o kirchnerista Sérgio Massa ficou em terceiro lugar (27,28%), atrás até da candidata de centro-direita, Patricia Bullrich. Os três disputaram (mais outros dois candidatos), em outubro, o primeiro turno propriamente dito: Massa saiu na frente (36,68%... E, agora, o leitor pôde compreender por que Cristina inventou as primárias: Tantas foram manobras populistas adotadas depois daquele terceiro lugar amargado em agosto que, agora, reapareceu em primeiro lugar), seguido de Milei (29,98%), que receberia, após, o apoio da terceira colocada (23,83%). Em novembro, ao final do segundo turno, Milei (com 55,65% dos votos) derrotou Massa (44,35%). (N.T.)

No entanto, há um ponto particularmente interessante – e, verdadeiramente, anárquico – do programa que foi deturpado pela grande mídia dependente do governo, pelos economistas *mainstream* e pelos detratores do economista argentino que concorria à presidência: a chamada dolarização.

Do que se trata a dolarização? Do que estamos falando? Uma escolha entre comportar-se como o Equador e El Salvador ou, simplesmente, adotar a moeda americana? Não se trata de nada disso, conforme procurarei explicar a seguir.

Em primeiro lugar, comecemos pelo que está escrito no programa oficial da candidatura de Milei, na seção sobre reformas econômicas, especificamente nos itens 11 e 12:

> 11. *Em uma terceira fase, a eliminação do Banco Central.*
> 12. *Uma competição cambial que permite aos cidadãos escolher livremente o sistema monetário ou a dolarização da economia.*

Do que estamos falando, afinal? A despeito do fato de Milei, há anos, ter sempre tratado, de modo específico, sobre esse tema (assunto que abordei no Prefácio à primeira edição deste livro – disponível nas próximas páginas da presente edição), é preciso repetir: ao falar em "dolarização", Milei se refere à "desnacionalização da moeda", ação que, há muito, é explicada com riqueza de detalhes em um pequeno livro escrito por um dos mais prestigiosos economistas da História, o ganhador do prêmio Nobel Friedrich von Hayek.

Dolarização é o caminho para desnacionalizar a moeda

Não poderia ser de outra forma: o tema da "dolarização" – ponto estratégico da proposta de governo de Javier Milei para deter a deriva inflacionária do país sul-americano – levantou um debate acalorado, inflamado, principalmente pelo ódio preconceituoso às ideias libertárias. O *establishment* econômico kirchnerista, com dedo em riste, fazia acusações ao candidato presidencial da coligação *La Libertad Avanza*, que, por sua vez e como de costume, respondia: "Ignorantes em Economia".

Presente na nona edição do Fórum Econômico Latam como um dos principais palestrantes, Milei não mediu palavras e insistiu tanto na conversão da moeda quanto na extinção do Banco Central argentino, considerando-os os dois pontos irrenunciáveis de seu mandato:

> *O Estado é uma organização criminosa que monopoliza a força (...). O que os meus detratores chamam de "dolarização" nada mais é do que a eliminação do BCRA (Banco Central da República Argentina); é, exatamente, o oposto da hiperinflação. A conversão entre o peso e o dólar será feita ao preço de mercado, já que sou liberal e acredito no sistema de preços.*

Disse, ainda, que "a existência de um banco central não faz sentido, porque a quantidade de moeda, na economia, será determinada pelos próprios indivíduos, pelos agentes do mercado".

Mas há muito mais por trás desse termo tão desprezado, "dolarização", e Milei reiterou esse fato em várias ocasiões, bem como nas redes sociais, sobretudo nos confrontos travados com os economistas da coligação Juntos pela Mudança,[17] a coligação política que se define como liberal, de Mauricio Macri e Patricia Bullrich:

> *Os políticos sempre têm um bando de criminosos que, disfarçados de cientistas ou pessoas de conhecimento, mentem a favor das atrocidades que propõem. E isso inclui vários expoentes, economistas entre eles.*

A questão monetária está, obviamente, na boca do povo – especialmente das pessoas comuns – e nela permanecerá pelos próximos meses. Mas, além da aparência e da oficialidade do embate, há uma outra razão para se prestar muita atenção ao que está acontecendo: poderemos vivenciar um evento econômico histórico e palingenético.[18] E Milei diz isso em seu Twitter (atual X), direcionando a mensagem aos economistas do regime que assinaram um documento contra o projeto do líder libertário:

---

17. *Juntos Por El Cambio* é uma coligação de partidos políticos argentinos criada para disputar as eleições presidenciais de 2019. A coalizão é uma ampliação da aliança *Mudemos*, que, em 2015, elegeu Mauricio Macri presidente. Em 2023, concorreu com Javier Milei lançando a candidatura de Patricia Bullrich. (N.T.)

18. "Palingenético" ou "palingenésico" referem-se a "palingenesia", do grego, que significa "reconstituição da vida", "renascimento", "regeneração cíclica". Para os estoicos, palingenético é a eternidade cíclica, a eterna repetição dos acontecimentos históricos em ciclos. Politicamente, contudo, a palingenesia promete, ao menos discursivamente, um renascimento no sentido positivo da palavra. No texto, contudo, o autor não esclarece qual a utilidade do termo: o evento seria palingenético com a vitória de Milei nesse sentido político ou seria palingenético com a sua derrota e, assim, no sentido filosófico e levítico de uma *eterna repetição dos males*? (N.T.)

> À parte da desonestidade intelectual dos economistas, falamos em dolarização quando se trata de competição cambial; muitos deles vivem da renda de fundações estrangeiras e economizam em dólares. Além de serem cúmplices da fraude de políticos e de fraudarem bolsistas ao 'pesificar' as suas bolsas de estudo no exterior para lidar com a desvalorização.

Em resumo: por trás da afirmação "competição cambial" estaria o sentido do real objetivo político de Milei, a saber, a "desnacionalização da moeda", que, não por acaso, jamais poderia ser alcançada sem o desaparecimento do credor de última instância, ou seja, o Banco Central, que Milei tem na mira há vários anos.

Parafraseando Saifedean Ammous, famoso economista autor das obras *The Bitcoin Standard* e *The Fiat Standard,* Milei está operando como um "liquidante da moeda fiduciária"[19] ao apostar na dolarização da Argentina. Não creio que ao Império americano, administrado pelo círculo de elite dos amigos do *Federal Reserve*, seja tão bem-vindo esse experimento.

Aguardemos... Somente o tempo poderá responder.

Da dolarização ao livre mercado para bancos e moedas

Você deve ter entendido que uma das batalhas do meu caro amigo economista Javier Milei – assim que tomou parte do programa eleitoral da coalizão *La Libertad Avanza*, não surpreendentemente, passou a ser chamado de "motosserra" – é a abolição do Banco Central da República Argentina, a fim de transformá-lo em um "Museu da Inflação", conforme sua própria expressão. Em várias ocasiões, ele explicou como faria isso, citando os dois pilares dessa reforma: o Banco Simons e a dolarização.

Em termos hayekianos, o objetivo final de Milei – e ele nunca o negou até hoje – prevê a introdução do *free banking*[20] e a chamada "desnacionalização da moeda".

---

19. Moeda fiduciária é a moeda nacional não atrelada ao preço de uma mercadoria como o ouro ou a prata (em suma, é moeda sem lastro). O valor de uma moeda fiduciária está, em grande parte, ligado à confiança na autoridade que a emite, geralmente um Estado ou um banco central. (N.T.)

20. Sistema bancário livre ou *free banking* é uma proposta defendida por economistas renomados como Fred Foldvary, David D. Friedman, Friedrich Hayek, George Selgin, Lawrence H. White, Steven Horwitz, e Richard Timberlake, na qual os bancos não precisam seguir regulamentações específicas, além das que se aplicam à maioria dos negócios, e também podem emitir sua própria moeda. Neste sistema, o mercado determina oferta, quantidade total de dinheiro e depósitos que podem ser sustentados por qualquer estoque de reservas monetárias, que são compostas de *commodities* raras (como o ouro) ou de uma moeda fiduciária limitada artificialmente por um banco central. Nas versões mais rigorosas de um sistema

Embora o processo de liberalização bancária seja bastante claro, a "dolarização", por sua vez, pode causar alguma perplexidade mesmo entre os seus fãs, uma vez que a dolarização implicaria tanto o reconhecimento da moeda americana, o dólar, como moeda de reserva mundial quanto o aval ao trabalho do *Federal Reserve*, o grande operador da política monetária americana, que, há mais de cinquenta anos, define os rumos da exportação da inflação do dólar.

Serão essas dúvidas suficientes para que se perca a fé em Milei e em suas promessas? E se – deixem-me sonhar – a dolarização fosse o "cavalo de Troia" para alcançar a livre concorrência monetária? Pessoalmente, eu sugeriria um percurso a ser seguido por Milei a fim de aprovar a legalização do dólar – instrumento escolhido para conter a inflação doméstica: a desnacionalização da moeda. A seguir, os principais passos que imaginei:

> **1. Dolarização:** *Adotada com sucesso em outros países da América do Sul (o Equador é um exemplo), daria aos argentinos a oportunidade de se livrar da moeda local desvalorizada e tornaria viável uma redução drástica da inflação monetária e, via de consequência, dos preços. Além disso, a dolarização já está formalmente em curso na Argentina, pois aqueles que possuem o "peso" altamente desvalorizado tentam convertê-lo, imediatamente, em outras moedas. O que Milei faria? Não apenas legalizaria a nota bancária Stars and Stripes,[21] mas reduziria os custos e as leis proibicionistas que, atualmente, dificultam a localização de dólares pelos cidadãos. Também eliminaria qualquer tipo de controle cambial, deixando a cargo do mercado a decisão de seu valor.*

---

bancário livre, no entanto, não há função para um banco central, ou a oferta monetária do Banco Central deve ser permanentemente "fixada". Não existem, portanto, quaisquer instituições capazes de atuar como emprestadores de última instância na acepção comum do termo. Nem há nenhum seguro estatal de notas ou depósitos bancários. No começo deste século XXI, surgiram as criptomoedas, que, a exemplo do *Bitcoin*, fizeram renascer o debate em torno do sistema bancário livre. Bancos comunitários, fornecedores de microcrédito, operando em regime de economia solidária, criam moedas sociais que têm contribuído para o progresso da economia e dos serviços em áreas de baixa renda. O aparecimento da criptomoeda e da moeda social reacendeu os debates sobre a moeda privada. (N.T.)

21. Com a expressão "nota bancária *Stars and Stripes*" (no texto original: "banco-nota a stelle e strisce"), ou seja, "Estrelas e Listras", o autor faz referência ao dólar estadunidense, pois a bandeira nacional dos Estados Unidos é, afetivamente, chamada pelo próprio povo de *Stars and Stripes*, já que tem cinquenta estrelas brancas em um fundo azul, simbolizando os cinquenta estados da União, e treze listras vermelhas e brancas, simbolizando as treze colônias originais. *Stars and Stripes* é um ícone do patriotismo e da liberdade para muitos americanos (especialmente para aqueles com inclinação política republicana), motivo pelo qual se faz muito presente em canções, poemas e filmes. (N.T.)

2. Stablecoins: *O mercado de criptomoedas oferece uma alternativa ao dólar de Estado, e elas podem ser compradas a qualquer momento, sem limitações. O ecossistema financeiro digital oferece stablecoins, tokens em dólar que podem ser comprados a qualquer momento, pelo celular ou computador, de forma fácil e também por um preço melhor. Stablecoins (ou "moedas estáveis") são criptomoedas projetadas para minimizar a volatilidade, vinculando-se a elas ativos monetários mais estáveis do que o peso argentino, como o dólar ou o euro.*

3. Tokenização: *As empresas que emitem os tokens das stablecoins costumam ter uma boa reserva com liquidez. Embora haja uma grande variedade de stablecoins no mercado, as mais procuradas são aquelas que mantêm uma proporção de 1:1 em relação ao dólar, como USDT, USDC ou BUSD. O uso dessa ferramenta aproximaria consideravelmente a população das finanças digitais, que atuam em mercados nos quais um ativo é representado por um "valor digital" registrado em uma blockchain.[22]*

4. Moeda digital: *Neste ponto, os argentinos, em massa,[23] começariam a perceber que há um mundo de ativos monetários distintos e como eles poderiam ser usados peer-to-peer[24] em variadas ocasiões.*

5. Bitcoin: *Se o universo das moedas digitais é povoado por milhares de siglas e milhares de golpes, ou seja, ativos tão somente especulativos e sem nenhum fundamento sólido a partir da teoria monetária, o Bitcoin – que já é amplamente utilizado na Argentina, e do qual Milei é um fervoroso defensor – se firmaria no mercado espontaneamente e no próprio governo, como já aconteceu em El Salvador. Milei poderia, ao menos, propor a sua legalização, de preferência a liberalização.*

6. Desnacionalização da moeda: *Neste ponto, uma vez abolido o monopólio da moeda estatal, somente a ordem espontânea e o livre mercado direcionarão as escolhas individuais livres. Como explica Saifedean Ammous, "apenas a adoção popular do Bitcoin tornará este mundo livre da moeda fiduciária". A Argentina se tornaria um extraordinário exemplo mundial de livre mercado bancário e monetário.*

---

22. *Blockchain* é uma tecnologia que permite armazenar e transferir dados, inclusive valores, de forma segura, transparente e descentralizada. Uma *blockchain* é formada por uma cadeia de blocos que contêm registros de transações ou informações de qualquer tipo de valor digital. Cada bloco é criptografado e conectado ao bloco anterior, formando um histórico imutável e verificável por todos os participantes da rede. Em suma, caracteriza-se por segurança, transparência, livre acesso e descentralização. (N.T.)

23. Merece destaque a fina ironia do autor deste prefácio ao se referir aos argentinos "em massa" que poderão melhorar as suas condições econômicas, em tudo obtusas, se deixarem de estar com o candidato oficial kirchnerista à presidência argentina Sergio Massa e enxergarem as vantagens do programa do seu oponente, Javier Milei. (N.T.)

24. *Peer-to-peer* (P2P) é um modelo de comunicação e compartilhamento de arquivos que desafia o modelo tradicional entre servidor e cliente, haja vista que cada participante é também um servidor e, assim, colabora para manter o sistema funcionando. No universo das criptomoedas, o P2P é um tipo de transação que ocorre diretamente entre os usuários, sem a intermediação de uma terceira parte. (N.T.)

Será esse o caminho que Milei escolherá? Não sei; talvez faça pior; ou melhor. Vamos ver! Na entrevista ao final desta edição (Anexo I), que me foi exclusivamente concedida no final de outubro de 2023, perguntei a Milei sem qualquer melindre. O leitor verá, ao final, a resposta do então quase presidente da Argentina.

Da Arena para as ruas

Do lado de fora da Movistar Arena, na noite de 18 de outubro de 2023, a fila para retirar os ingressos para o evento final da campanha eleitoral de Javier Milei era interminável. Apesar das mais de 16 mil vagas disponíveis,[25] muitos não puderam comparecer.

Cheguei ao local algumas horas antes do início do evento e fui compelido a sondar os ânimos daquela massa de fãs de Milei, a chamada "gente de bem" (a gente pelo bem), gente que rala de tanto trabalhar, mas que mal consegue ganhar para chegar ao final do mês.

Fiquei impressionado com a quantidade de jovens presentes, e, já no meio deles, busquei entender por que a mensagem libertária de um homem que empunhava uma motosserra repercutia tanto. Na Argentina, aliás, pode-se votar desde os 16 anos.[26]

---

25. Conforme informações oficiais da cidade de Buenos Aires, a Arena tem capacidade para 15 mil pessoas. (N.T.)

26. O direito de voto a partir dos 16 anos, assim como as primárias foram importantes para a reeleição de Cristina Kirchner em 2011, foi uma pauta kirchnerista em busca de vantagem nas eleições legislativas que ocorreram em 2013. Em 31 de outubro de 2012, a oposição na Câmara dos Deputados foi vencida e, assim, a nova "maioridade eleitoral" foi aprovada (o projeto já tinha sido aprovado no Senado argentino), passando dos 18 aos 16 anos de idade. A redução foi, à época, encomendada em razão do entusiasmo de Cristina com um movimento que reuniu legiões de jovens ativistas uniformizados com camisetas estampadas com o rosto de Evita Perón: *La Cámpora* é o nome do movimento (que homenageia o presidente peronista Héctor José Cámpora – títere de Juan Domingo Perón –, que concorreu, em 1973, ao cargo ao qual renunciaria em menos de dois meses com a volta de Perón do exílio – realizadas novas eleições, Perón foi eleito com mais de 60% dos votos), criado em 2003, mas que se agigantou apenas em 2010 com a morte do marido de Cristina, o ex-presidente Néstor Kirchner. O movimento serviu como uma horda de fanáticos nem tanto ao peronismo em si, mas sim ao casal Kirchner... Afinal, foi criado por Máximo Kirchner no mesmo ano em que seu pai, Néstor, venceu o pleito presidencial. Já em 2013, Cristina instruiu que as listas de candidatos a legisladores provinciais incluíssem, no mínimo, dois ou três membros do *La Cámpora* entre os oito primeiros – ela nutria, à época, o sonho da aprovação de uma norma que lhe permitisse concorrer a um terceiro mandato consecutivo em 2015 (sem êxito, Cristina conseguiu, ao menos, que seu filho Máximo fosse eleito deputado nacional em 2015). (N.T.)

"Javier Milei, finalmente, nos dá esperança", alguém me disse.

"Não quero sair da Argentina, quero trabalhar e crescer no meu país", disseram outros jovens.

"Porque precisamos acabar com a crise econômica e a decadência. Queremos mais liberdade para poder decidir o que fazer com nossas vidas", disse um pequeno grupo de universitários que encontrei em uma pizzaria.

"Precisamos acabar com o Banco Central,[27] com a impressão contínua de dinheiro. Só assim voltaremos a ser donos do nosso próprio salário", disse um deles citando Mises e Hayek, como teria feito um verdadeiro conhecedor da Escola Austríaca de Economia.

Entre as pessoas de meia-idade, além dos tristes eventos econômicos que assolam a pátria de Maradona, a corrupção e o compadrio foram as principais razões que os convenceram da necessidade de uma mudança no topo da política argentina.

Fora e dentro da Movistar Arena, o clima era de absoluto otimismo entre os "mileanos", um ar corroborado por slogans engraçados, momentos musicais e a venda de vários suvenires, dentre os quais se destacava o boneco de Milei segurando uma motosserra. Muitos daqueles, ali, presentes estavam convencidos de que Milei se tornaria presidente já no primeiro turno, por ter alcançado 40% das intenções de votos e mais uma diferença superior de dez pontos percentuais em relação ao segundo colocado naquela disputa.

Por outro lado, contudo, a maioria da opinião pública, do *establishment* e da grande imprensa, que via – e ainda vê – o libertário como pimenta nos olhos, tem um ponto de vista completamente diferente: um revolucionário definido, de tempos em tempos, como "ultraliberal" (como se o termo fosse

---

27. Ao leitor brasileiro, é fundamental destacar o seguinte: enquanto, por aqui, o Banco Central é celebrado e a sua autonomia é constantemente exaltada por suas funções similares ao correlato estadunidense, quais sejam, as medidas (constantemente severas) responsáveis pela, digamos, "saúde" da nossa moeda, o real, o mesmo não ocorre na Argentina. Se o papel do Banco Central argentino é, essencialmente, semelhante ao do Banco Central do Brasil em aspectos como, por exemplo, a regulamentação das políticas monetária e cambial, a supervisão do sistema financeiro e a manutenção da estabilidade econômica, existem algumas diferenças significativas. A principal e mais crítica diferença repousa na absoluta falta de autonomia do Banco Central argentino, permitindo, assim, a tomada de estratégias e políticas desastrosas que, longe de solucionar, agravam a alta da inflação, a volatilidade cambial, a dívida pública já elevada e a falta de credibilidade interna e externa. (N.T.)

uma ofensa), "representante da extrema direita", "neoliberal", "turbocapitalista", "simpatizante da ditadura de Videla, Massera, Viola e Galtieri"[28] etc. etc.

Quando, em 2021, Javier decidiu "entrar em campo" – para usar uma conhecida expressão –, busquei alertá-lo, imediatamente, sobre todas as iniquidades que o aguardariam dali em diante. De fato, passaram a vomitar todo tipo de difamação sobre Milei. Chamavam-no "El Loco" (o louco).[29] Noticiaram que ele conversa com os seus cães e que, inclusive, recebe conselhos de um deles;[30] que está a serviço do Fórum Econômico Mundial (WEF); que já trabalhou para empresários ligados à máfia; que é a favor da vacinação obrigatória; que é sionista; que é um vassalo dos americanos... Perdi a conta dos insultos.

Muitos tiveram como alvo a sua irmã, Karina, responsável por sua agenda política ("El Jefe", quer dizer, o chefe – é assim que Milei a chama). O mesmo método foi aplicado a Fátima Flórez, sua nova namorada. Antigos colegas de escola e de trabalho foram inconveniente e exaustivamente abordados, para

---

28. Héctor José Cámpora (o presidente peronista eleito em 1973 que renunciou, em menos de dois meses, ao cargo para que Juan Domingo Perón, retornado do exílio, pudesse concorrer a ele e, assim, assumir o posto que Cámpora, na verdade, apenas guardava o posto para o Líder) deve ter morrido de arrependimento em 1980: em 1973, Perón foi eleito presidente com mais de 60% dos votos; todavia, em menos de dez meses, Perón faleceu e, em seu lugar e no mesmo dia, assumiu o cargo a sua vice, María Estela Martínez de Perón (Isabelita Perón), ou seja, sua esposa, que, menos de dois anos depois, em 24 de março de 1976, seria deposta pela junta militar comandada pelo general Jorge Rafael Videla Redondo, que renunciou à liderança da Junta Militar em 1981, deixando em seu lugar o general Roberto Viola, que, no mesmo ano, foi substituído pelo general Leopoldo Galtieri. A menção a Massera é feita para acrescentar um toque dramático de traição e ingratidão: o militar Emilio Eduardo Massera, antiperonista convicto desde sempre, mesmo tendo participado da segunda deposição de Perón em 1955 (a primeira foi do cargo de secretário do Trabalho e Previsão – que ocupava, desde 1943, como tenente-general do Exército argentino – em 1945, ano em que se casou com Eva Duarte Perón, a idolatrada Evita, que faleceu em 1952, último ano do primeiro mandato presidencial de seis anos para o qual seu marido tinha sido eleito em 1946 e – reeleito em razão da popularidade "canonizadora" da esposa – também ano inicial do seu segundo mandato), foi promovido ao posto de almirante pelo próprio Perón em seu retorno à presidência último ano de 1973. Com a morte de Perón, o almirante Massera aliou-se ao general Videla. O regime militar argentino se estendeu de 1976 a 1983. (N.T.)

29. Conforme relatei na apresentação desta edição brasileira, tanto Milei divertiu-se com a alcunha maldosa e preconceituosa que "El Loco" foi a canção que abriu o último evento das festividades da sua posse no Teatro Colón em 10 de dezembro de 2023. (N.T.)

30. Em termos filosóficos, vale destacar, conversar e se aconselhar com os cachorros pode ser considerado mais útil que dialogar com seres humanos, especialmente para aqueles que, entre os séculos V e IV anteriores à era cristã, foram adeptos do chamado "pensamento cínico", cujo precursor foi Antístenes. O termo "cinismo" é a latinização do vocábulo grego κυνισμός (/kynismós/), que pode ser traduzido como "ao modo canino", igual a um cão – no grego, κύων (/kyôn/). O grande expoente dessa corrente filosófica foi o discípulo de Antístenes Diógenes de Sinope (sobre ele, além de viver como um cão, é lendário um elogio à virtude dos cães). (N.T.)

que, ao final, apenas se pudesse afirmar: "Eles o descrevem como uma criança introvertida, que não gostava de socializar muito. Argumento semelhante também é sustentado por aqueles que dividiram o escritório com ele na Corporación América. Até Mario Bergoglio foi pego maldizendo Javier Milei ao longo da campanha".[31]

O encontro na Movistar Arena foi um verdadeiro espetáculo, até mesmo quando o professor Benegas Lynch sugeriu – ele, não Milei – que, se Javier se tornasse presidente, deveria romper relações diplomáticas entre a Argentina e o Estado do Vaticano. A multidão que lotou a Arena esperou, por muito tempo, entre danças e gritos bem-humorados, a chegada de seu paladino, que – interrompido por estrondosos aplausos – encerrou a noite com um discurso de vinte minutos aproximadamente, aquecendo os ânimos dos presentes ao som de *Viva la libertad, carajo!*, bordão que, na plateia, se revezava com outro grito de torcida cativante: "*Se siente, se siente, Milei presidente!*".

Entre o primeiro e o segundo turno das eleições

Na manhã de 22 de outubro, dia da abertura das urnas para a votação, comecei a passear pela cidade para avaliar o humor dos eleitores. Buenos Aires, certamente, não é feudo de Javier Milei, muito pelo contrário.

A maioria das pessoas que entrevistei ao sair das cabines de votação, especialmente as pessoas idosas, afirmava não ter votado em Milei, considerado um personagem histriônico transformado em protagonista absoluto da política. Houve quem recusasse arriscar seu voto em Milei por conveniência própria, ou seja, por medo de perder alguma pensão ou algum subsídio (na Argentina, 91% das famílias têm ao menos um membro que recebe dinheiro público); outras tantas, por

---

31. Em setembro de 2023, durante entrevista concedida, no Vaticano, à Télam (emissora pública de televisão argentina) – entrevista que somente foi ao ar, contudo, em outubro de 2023, ou seja, calculadamente às vésperas do primeiro turno (quer dizer, em escancarada manipulação eleitoral governista) –, o papa Francisco, além de rebater as acusações de "comunista" feitas por Milei em suas redes sociais, comparou, como em um alerta e sem citar seu nome, o candidato ao flautista de Hamelin, figura do folclore alemão que promete salvar uma cidade de uma infestação de ratos, mas acaba sequestrando todas as crianças do lugarejo. Disse o Sumo Pontífice: "Tenho muito medo dos flautistas de Hamelin, porque eles são encantadores. Se fossem cobras eu as deixaria, mas elas encantam as pessoas e acabam afogando-as. Gente que acredita que pode sair da crise dançando ao som da flauta, com redentores feitos da noite para o dia". (N.T.)

razões nitidamente ideológicas reveladas pelo recurso ao refrão lobotômico da "salvação da democracia contra a chegada do novo tirano".

Nas três sessões eleitorais às quais me dirigi, a maioria dos eleitores que sondei transmitiu a nítida sensação de que o candidato libertário não venceria. Obviamente, não havia nada científico que sustentasse os meus sentimentos, especialmente, aliás, porque o eleitorado maciço de Milei estava fora da capital federal e da província de Buenos Aires.

Experimentei, contudo, uma sensação diferente ao chegar na seção eleitoral onde Milei votaria. Ali, milhares de pessoas festejavam o candidato libertário; a seção se encontrava repleta de fãs que esperavam o ídolo desde as primeiras horas da manhã, muito embora a sua chegada estivesse prevista para o meio-dia.

As urnas fechariam às 18 horas daquele domingo, e à noite, no *bunker* da coalizão *La Libertad Avanza*, localizado no Hotel Libertador, na centralíssima Avenida Córdoba, a coletiva de imprensa de Javier Milei seria realizada assim que, por volta das 22 horas, ele recebesse as comunicações oficiais do Ministério sobre o resultado das eleições.

Da mesma forma que no evento da Movistar Arena, a equipe de Milei me concedeu uma credencial para transitar na área de conferências do hotel, transformada em uma grande sala de imprensa. Os pedidos de credenciamento para aquele domingo eram mais de 2.500, mas apenas 250 pessoas, entre jornalistas, fotógrafos e membros da equipe de campanha, puderam entrar.

A partir das 19 horas, a sala começou a ficar abarrotada. Cinegrafistas, repórteres locais e estrangeiros, algumas figuras públicas. Enquanto isso, os monitores que decoravam as paredes do salão como se fossem pinturas em movimento traziam as notícias sobre o dia da eleição. O papo entre os presentes girava em torno sobre quais seriam os resultados. De vez em quando, alguém entrevistava um político de menor envergadura para fazer render o caldo das longas transmissões ao vivo incluídas em suas grades de horário. De resto, as intermináveis filas para se refestelar nas mesas do bufê montado para a ocasião.

Do lado de fora do Hotel Libertador, um palco havia sido montado e os apoiadores de Milei também começaram a se reunir. Mais uma multidão. Um telão permitiu que eles testemunhassem o que estava acontecendo dentro da sala de imprensa, onde se encontrava a casta[32] da informação; lá fora, um povo festivo e ansioso.

De vez em quando, só para interromper a rotina e a espera, Guillermo Francos – líder político do partido "cor violeta"[33] – aparecia no palco para alguma atualização; mas nada de especial... Até aparecerem os primeiros números, que, ao final, colocaram Sérgio Massa, ministro da Economia kirchnerista e adversário de Milei, na liderança, com 36,68% dos votos, seguido por Javier Milei, com 29,98% dos votos. Patricia Bullrich, representante da centro-direita apoiada pelo ex-presidente Mauricio Macri, ficou em terceiro lugar, com 23,83%, e os outros dois candidatos, Juan Schiaretti, com 6,8%, e a comunista Myriam Bregman, com 2,7%.

Um resultado inesperado? Certamente. Milei não chegava perto dos 40% alardeados por algumas pesquisas?

Percebi uma pitada de decepção no rosto dos líderes do *La Libertad Avanza*. Contudo, a maioria dos jornalistas estava entusiasmada. Naquele momento, começava a corrida do segundo turno, e, se um Sergio Massa alegre, aliviado e a fazer considerações ao vivo aparecia nos monitores de TV, no palco da sala de imprensa do Hotel Libertador, Milei se obrigou a esperar, por mais de uma hora, para fazer as suas declarações oficiais.

---

32. Casta... "*la casta dell'informazione*" é a exata expressão empregada pelo autor deste prefácio e organizador desta obra para categorizar as pessoas que enchiam a sala de imprensa, sala na qual ele próprio, Leonardo Facco, se encontrava. Não sei se por deslize ou por ironia fina – pessoalmente, acredito que Facco tenha sido, aqui, refinadamente irônico –, entretanto, o emprego do vocábulo "casta", especialmente nessa ocasião em que era forte a crença acerca da vitória de Milei já nesse primeiro turno realizado em 22 de outubro de 2023, é bastante significativo: se, como o próprio autor do prefácio revela nos tópicos anteriores, Milei é o candidato *anticasta* com o paradoxal desafio de adaptar os ideais libertários para um exercício libertário do poder, parece que a transformação começava naquela sala de imprensa para 250 pessoas... O candidato *anticasta* deveria se conformar à convivência incontornável com a "casta". (N.T.)

33. Nas eleições argentinas de 2023, a cor violeta identificava a candidatura de Milei e, por isso, a sua coalizão partidária. Em contraste, o azul da bandeira nacional ficou, "gentilmente", com o candidato governista Sergio Massa, enquanto o amarelo do mesmo estandarte ficou com aquela que seria a terceira colocada, Patricia Bullrich. A escolha das cores para as cédulas (e, fatal e consequentemente, as cores de cada campanha) faz parte do processo eleitoral argentino desde a reforma promovida pelo Parlamento (kirchnerista) em 2009. A princípio, leva a cor o partido que melhor argumentar em favor dela... Mas o azul-celeste, "coincidentemente", tem acompanhado Cristina Kirchner em todas as suas empreitadas presidenciais desde a sua reeleição em 2011, o primeiro ano dessa, então, novidade eleitoral. Note o leitor que a lista aumenta e o estratagema, imperceptível em tempo real e ao longo do tempo, desvela-se em retrospecto: Cristina se dedicou às exitosas causas da redução da maioridade eleitoral para 16 anos, das cores de campanha (em que a mais popular, quase santa, é o azul-celeste da bandeira de um povo orgulhosamente nacionalista) e das primárias obrigatórias... Relativamente ou não, tudo muito democrático. (N.T.)

Bem depois das 23 horas, o *chicoteador da casta*, que comemorava, naquele mesmo dia, o seu aniversário de 53 anos, apareceu no palco, e, embora esperasse um resultado diferente, conseguiu levar a água ao seu moinho:[34]

> *60% dos argentinos viraram as costas ao kirchnerismo e ao peronismo. O resultado obtido pela Union per la Patria e Massa representa o máximo ao qual podem aspirar. A nossa empreitada tem sido titânica. Em apenas dois anos, criamos um partido e fomos às urnas. A partir de amanhã de manhã, começaremos a trabalhar, novamente, para convencer os argentinos de que eles têm a oportunidade de reerguer o país e acabar, de uma vez por todas, com aqueles que detiveram o poder nos últimos vinte anos.*

Corria o ano de 2022 quando, no Parlamento, apenas Milei e o seu colega Villaruel tinham assento. Lembro-me de falar com Milei ao telefone e perguntar como ele se sentia em relação à eleição presidencial do ano seguinte. Sua resposta foi peremptória: "Se formos à *balotaje*, ganhamos!". E à *balotaje*[35] fomos.

19 de novembro e 10 de dezembro

Em 23 de outubro, dia seguinte ao primeiro turno das eleições, Milei voltou a andar pelas ruas e praças da sua cidade sem deixar de lado as aparições nos programas televisivos, aos quais era, diariamente, convidado e entrevistado.

Todavia, alguma coisa tinha mudado. O perfeito isolamento suportado por Milei na disputa política estava prestes a ficar para trás, pois, imediatamente, tanto Patricia Bullrich quanto Mauricio Macri oficializaram apoio à sua candidatura e se colocaram à disposição para o turno decisivo:

---

34. "Levar a água ao seu moinho" é expressão comum tanto aos portugueses quanto aos italianos ("*tirare l'acqua al suo mulino*", utilizada no texto original) e significa conseguir se beneficiar em alguma situação. No Brasil, uma expressão correlata seria "vender seu peixe"; mas, ao menos para este tradutor, a expressão brasileira soa depreciativa perto da portuguesa (que também, vale assinalar, pode ser empregada nesse sentido) e, politicamente, traz uma carga semiótica de demagogia. (N.T.)

35. *Balotaje* é o nome do segundo turno das eleições na argentina. A palavra é conhecida do falante do italiano (*ballottaggio*) e do francês (*ballottage*). Aliás, esse substantivo feminino vem da língua francesa e também faz parte do *Vocabulário Ortográfico da Língua Portuguesa*: Balotagem. Todavia, os dicionários brasileiros se esqueceram de "balotagem", que, como verbete, foi deles escanteado, ou melhor, expulso há mais de um século. (N.T.)

> *Nenhuma aliança oficial – explicou Milei em todos os talk shows em que apareceu –, mas, simplesmente, um acordo entre pessoas de bom senso que têm uma oportunidade histórica de colocar a tampa no caixão do kirchnerismo. Nos telefonamos, enterramos o arsenal de guerra,[36] pedimos desculpas pelas acusações durante a campanha eleitoral e, de forma altruísta, obtive o apoio do partido deles, Juntos Pela Mudança.[37]*

Enquanto isso, o adversário de Milei, o ministro da Economia Sergio Massa, fortalecido pelo consenso obtido nas urnas, fez o diabo a quatro – abusando, aliás, do seu cargo no governo – para jogar sujo na campanha eleitoral. De um lado, incutiu medo nos argentinos afirmando que, se o seu adversário vencesse, tudo aumentaria, os serviços públicos básicos desapareceriam, faltariam até mesmo os direitos básicos garantidos pela Constituição. De outro, torrou e deu dinheiro público – piorando, ainda mais, as contas do país – como se não houvesse amanhã.

A campanha eleitoral de Massa continuou ao ritmo de subsídios e regalias estatais. Eis algumas das intervenções implementadas:

(I)   Congelamento da taxa do câmbio oficial até 15 de novembro.
(II)   Congelamento das taxas pré-pagas até dezembro (quando depois teriam aumento de 11,5%).
(III) Congelamento do preço de alguns medicamentos até 31 de outubro.
(IV)   Congelamento das tarifas de serviço público (sem prazo de validade).
(V)   Congelamento de tarifas de ônibus, trem e metrô (sem data de vencimento).

---

36. No texto original, consta a expressão italiana "*soterrato l'ascia di guerra*". Em português: "enterramos o machado de guerra". *Soterrare l'ascia di guerra* tem o significado figurativo de renunciar a continuar uma luta, esquecer uma inimizade ou um rancor. A metáfora do machado vem das histórias romantizadas sobre os *Pellirosse* (os "peles-vermelhas", expressão banida pelo politicamente correto para se referir aos indígenas), que lutavam com suas machadinhas. Essas histórias eram febre na Itália nas décadas de 1960 e 1970 (mais especificamente entre 1964 e 1973, que marcam o início do seu declínio), quando, em locações nacionais (nas regiões do Lácio e no Sul) ou espanholas (geralmente, no deserto de Almería), tornou-se moda produzir um subgênero do faroeste de Hollywood, qual seja, o *faroeste espaguete* (*Spaghetti Western*, faroeste macarrônico ou bangue-bangue à italiana). Dessas produções, merecem destaque os filmes que compõem a chamada *Trilogia dos dólares*, dirigidos por Sergio Leone e estrelados por Clint Eastwood, que deu vida ao papel do pistoleiro sem nome, e as famosas trilhas sonoras de Ennio Morricone. (N.T.)

37. Uma vez que a dolarização é tema frequente deste livro, optei por traduzir o nome do partido de Patricia Bullrich, *Juntos Por El Cambio*, para que não pairasse eventual confusão sobre a compreensão de algum leitor, uma vez que, em português, o termo "câmbio" nos remete, automaticamente, à questão do câmbio monetário – em espanhol, *cambio* é, pura e simplesmente, *mudança*, que engloba *troca*. (N.T.)

(VI) Adiamento da aplicação do imposto sobre os combustíveis para fevereiro de 2024.

(VII) Prorrogação do pagamento de contribuições à seguridade social e do IVA (imposto sobre o valor agregado) aos trabalhadores autônomos referente aos meses de setembro, outubro, novembro e dezembro de 2023.

(VIII) Prorrogação do pagamento do *monotributo*[38] para as categorias A, B, C e D.

(IX) Aumento de 47 mil pesos, em outubro e novembro, para trabalhadores informais.

(X) Modificação do imposto de renda, reduzindo a carga tributária direta sobre os trabalhadores de maior renda.

(XI) 21% de *cashback* em compras com cartão de débito.

(XII) Bônus discricionários para aposentados de 37 mil pesos em setembro, outubro e novembro, aos quais foram adicionados outros bônus de 15 mil e 20 mil pesos entre outubro e novembro.

(XIII) Empréstimos a juros baixos com taxas de 29%.

(XIV) Empréstimos bonificados para trabalhadores autônomos.

(XV) Gratificação alimentar de 40 mil pesos aos integrantes do PAMI (trabalho social para aposentados que dependem do Ministério da Saúde).

(XVI) Reforço do Cartão Alimentar em duas prestações, outubro e novembro.

(XVII) Reforço de 20 mil pesos (10 mil em setembro e 10 mil em outubro) para beneficiários do programa Empower Work.

(XVIII) Pré-viagem 5: Programa de pré-venda turística que reembolsa 50% do valor da viagem.

Qual foi o custo desse pacote de ajuda? Segundo o *think tank Libertad y Progreso*, o custo fiscal do *Plano Platita* chegou a 2,1 bilhões de pesos, o equivalente a 1,1% de um PIB já hemorrágico... Tudo isso sem contar o restante das intervenções.

---

38. O *monotributo* é o imposto único argentino aplicado como imposto progressivo e que, da mesma forma que se vai aplicar no Brasil, de "mono" ou de único não tem nada. Ao lado dos impostos pessoais (que incidem sobre os rendimentos e o patrimônio, móvel e imóvel, dos indivíduos singulares em sete faixas diferentes e progressivas que fazem a tungada variar entre 5 e 35%), e tantos outros impostos, o *monotributo* é o imposto sobre salários, ganhos obtidos pelos trabalhadores autônomos, aposentadorias e pensões; sua alíquota é dividida em onze categorias conforme a faixa de ganho (A, B, C, D, E, F, G, H, I, J e K). (N.T.)

O clímax do embate entre Milei e Massa se materializou, principalmente, na televisão. Depois do confronto entre os dois candidato a vice-presidentes, nomeadamente, Agustín Rossi e Victoria Villaruel, realizado uma semana antes, o "duelo" mais aguardado foi o de 12 de novembro entre os dois candidatos presidenciais.

Foi, sem dúvida, um duelo sem limite de golpes, embora conduzido em tons pacatos.

Quem foi o grande vencedor da noite?

Segundo quase todos os analistas políticos, a conclusão é unânime:[39] *Massa, que faz parte de um governo que deixará um legado difícil a qualquer um que tomar posse em 10 de dezembro, aproveitou melhor a oportunidade e Milei não conseguiu ou não soube encurralar o seu adversário e pressioná-lo sobre os pontos críticos do atual governo. Massa não venceu por nocaute, mas venceu por pontos. De um lado, estava um político profissional, do outro, um amador.* Assim, pelo menos, de acordo com a grande maioria da mídia argentina.

Faltando apenas uma semana para o segundo turno, as pesquisas davam aos dois candidatos uma situação de quase paridade, embora apontassem uma vantagem mínima em favor de Massa. Entretanto, o verdadeiro problema de Milei e de seu partido era encontrar mão de obra suficiente para proteger as seções eleitorais no dia da votação, ou seja, precisavam reunir o maior número possível de voluntários para evitar fraudes eleitorais, como aquelas já denunciadas pelos líderes do *La Libertad Avanza* ao final do primeiro turno.

---

39. Sim, esses são, em português, os exatos termos utilizados pelo organizador e autor deste prefácio em italiano: "*Secondo quasi tutti gli analisti politici la conclusione è unanime*". Se a conclusão não é de todos, ela não é unânime, pois, para que seja, ela deve revelar concordância entre todas as pessoas envolvidas. Logo, sendo, semanticamente, impossível uma conclusão unânime que seja partilhada por quase todos, o correto seria dizer, quer em português, quer em italiano, "a grande maioria... chegou à mesma conclusão", "a maioria avassaladora... compartilha a mesma conclusão", "salvo raras exceções, os analistas... concluíram", "a quase unanimidade dos analistas concluiu". De duas, uma: (a) ou o autor quis construir um oxímoro, e, se esse for o caso, a utilização foi imprópria, pois, apesar da flagrante oposição semântica entre a expressão "quase todos" e a palavra "unânime", faltou o elemento poético sequencial de um paradoxo a ser destacado por estranhamento semiótico do leitor diante de um jogo de linguagem; (b) ou o autor foi, simplesmente, irônico, ou melhor, sarcástico, haja vista que uma piada interna ("interna", porque somente será compreendida por "iniciados", isto é, por leitores familiarizados com a imparcialidade da mídia no país) vai se revelar apenas ao final de um longo parágrafo, mais especificamente, na sua última frase. (N.T.)

À espera de 19 de novembro, o dia do *Juízo*, terminava a campanha eleitoral começada dois anos antes; era o último rescaldo, o último esforço para alcançar a vitória. Em vez de Buenos Aires, o partido de Milei optou por realizar o seu encerramento em Córdoba, onde dezenas de milhares de compatriotas lotaram, como jamais se viu, as praças e as ruas centrais.

> *Entrei em contato com Javier Milei para parabenizá-lo e desejar-lhe sorte, pois ele é o presidente que a maioria dos argentinos elegeu para os próximos quatro anos!*

Já passava das 21 horas daquele domingo, 19 de novembro de 2023, quando, com essas palavras, o ex-ministro da Economia Sérgio Massa parabenizou Milei por sua vitória esmagadora nas urnas: com 55,69% dos votos, o *outsider* libertário aniquilou o político profissional, que ficou com 44,31% dos votos. A Argentina, de norte a sul, coloriu-se de violeta, e, mesmo na província de Buenos Aires – notoriamente peronista e kirchnerista –, Milei não liderou por muito pouco.

Nas ruas de todo o país, explodia a exultação, ainda que pouco uniforme, daquela "maioria silenciosa" que, há demasiados anos, sofre a arrogância fatal do poder dos "K".

Conclusão: Quem ganhar ou quem perder, nem quem ganhar nem quem perder, vai ganhar ou perder; vai todo mundo perder[40]

Ter sido eleito presidente da República Argentina deve ser considerado um feito excepcional a ser atribuído, na íntegra, a Javier Milei, que lutou, como um verdadeiro leão, na guerra cultural contra a hegemônica cultura coletivista, que não apenas permeia o seu país, mas todo o mundo ocidental – estando a América Latina em primeiro lugar.

---

40. É claro que o subtítulo não é de Leonardo Facco, mas, uma vez que ele trata do paradoxo da vitória de Milei no atual contexto econômico argentino ("O difícil começa agora"), este tradutor, valendo-se de certa licença poética, lançou mão da famigerada frase proferida pela presidente brasileira impedida Dilma Rousseff. (N.T.)

O economista libertário não desferiu apenas um golpe retumbante no candidato do sistema, do estatismo, do peronismo, do kirchnerismo. Milei, junto com a sua equipe, é claro, gastando pouquíssimo em propaganda, venceu a máfia política, a casta, bem como o jornalismo subsidiado e arregimentado, todos os artistas ideologizados, os empresários corporativistas agarrados ao poder público, os sindicalistas e as suas camarilhas, os lobistas da ideologia de gênero, as feministas, os doutrinadores do ensino fundamental, os professores universitários, os intelectuais lixo, os teólogos da Libertação e todos aqueles sacerdotes que estão mais interessados em difundir as ideias de Marx do que a palavra de Cristo.

As ideias de liberdade, em suma, derrotaram aquele monstruoso aparato *estatocêntrico* interessado em enriquecer a si mesmo enquanto joga na miséria o tão louvado e aclamado povo.

Não há dúvida de que Milei e seu governo terão que lidar com o desastre que lhes foi legado por seus antecessores. Agora, começa um caminho difícil para ele, um presidente já estigmatizado pela maioria dos líderes políticos socialistas e não socialistas espalhados por todo o planeta. Todos os representantes do mal, mencionados acima, tentarão transformar o seu trabalho em um pesadelo. Continuarão a chamá-lo de tudo. Na primeira oportunidade, a esquerda maximalista sairá às ruas e incendiará o país. Em resumo, o que espera Javier Milei é uma aventura ciclópica, um esforço digno dos doze trabalhos de Hércules.

No entanto, parece-me que aqueles que se preocupam com a liberdade, aqueles que se dizem liberais e/ou libertários, não enxergam com clareza o significado do que Milei alcançou. Hoje, nos deparamos com o fato de ter sido eleito "o primeiro presidente liberal-libertário da História", como declarou o próprio vencedor.

Assim que o resultado foi confirmado, na conferência de imprensa daquele dia 19 de novembro, foram três os aspectos que Milei sublinhou ao longo do seu discurso de dezessete minutos:

- *Agradeço ao Juntos pela Mudança pelo apoio desinteressado;*
- *Não é tempo de gradualismo;*[41] *reformas devem ser feitas, sim ou sim;*

---

41. Em Economia, o gradualismo consiste na tese de que é possível corrigir os *fundamentos econômicos* de um país de forma gradual, de pouco em pouco, rechaçando qualquer *tratamento de choque* nas políticas e instituições que regulam a execução orçamentária, o processo da criação de moeda e da sua circulação (por exemplo, através de uma política de juros). O gradualismo, é claro, pressupõe absoluta responsabilidade dos

- *O nosso programa é claro, é inegociável, especialmente no que diz respeito às reformas econômicas.*

A lição que a vitória de Javier Milei nos deixa, da forma como foi alcançada, é que a batalha pela liberdade somente se perde se não for travada.

Não é o momento de tecer críticas contra Milei. Haverá tempo de sobra para criticá-lo, caso ele não cumpra as promessas que fez.

---

agentes das políticas econômicas, em especial do Poder Executivo, em longuíssimo prazo (um mandato presidencial, portanto, a depender da crise, é insuficiente até como *amuse-bouche*), já que se baseia em uma noção de *círculo virtuoso*, em que pequenas vitórias pontuais contra um processo inflacionário produzido pela recessão são preferíveis a qualquer mudança brusca, que abalaria a credibilidade dos *fundamentos* (como se já não estivem abalados; ou se é que existe, de fato, algum fundamento econômico) e afugentaria investimentos duradouros. (N.T.)

PREFÁCIO À PRIMEIRA EDIÇÃO ITALIANA

por **LEONARDO FACCO**

O RIGOR DE UM LIBERTÁRIO

Acompanho as façanhas de Javier Milei há dois anos. Fui atraído não só pela sua indiscutível preparação, mas, sobretudo – e aqui se faz notar a minha *deformação profissional*[42] –, pela sua extraordinária capacidade comunicativa, fundada tanto no rigor teórico das ideias que defende e difunde quanto na sua verve dialética indiscutível. Mais ainda, fiquei fascinado pelo linguajar honesto com o qual mandava (e manda) aos infernos todos aqueles mereciam (e merecem) lá estar: de especialistas a intelectuais, de burocratas a políticos, de comunistas a fascistas. Em geral, todos os coletivistas e falsos liberais, como Macri, o último presidente argentino antes do retorno do peronismo, são o alvo preferencial do professor argentino.

Como um bom econometrista,[43] Milei se define como o resultado de um "erro matemático tipo 2": enquanto o "erro de tipo 1" consiste na obtenção de

---

42. Na psiquiatria primitiva do século XIX, "deformação profissional" foi expressão muito utilizada e debatida na Itália (*deformazione professionale*) e na França (*déformation professionnelle*) para se referir a certo comportamento pessoal-profissional ininterrupto e aficionado, isto é, a padrões de comportamento considerados, significativa e socialmente, desviantes, uma vez que afetam o bem-estar e a existência pessoal de um indivíduo que replica as questões problemáticas e os respectivos métodos de precaução da sua profissão à sua intimidade e à vida privada, contaminando-as. Assim, pode ser considerada uma doença ocupacional. A filosofia ainda debate a essência dessa expressão sob um prisma mais amplo e corriqueiro... E é nesse enfoque que "deformação profissional" aparece no texto, quer dizer, como tendência de olhar as coisas do ponto de vista da própria profissão. Conforme o biólogo francês e ganhador do Prêmio Nobel Alexis Carrel, o sujeito "especialista, devido a um preconceito profissional bem conhecido, acredita que compreende o ser humano inteiro, quando na realidade ele capta apenas uma pequena parte dele" (*Man, the Unknown*. Nova York: Harper & Brothers, 1939). (N.T.)

43. Econometrista é o economista especializado em econometria, que consiste na aplicação do método matemático somado a técnicas estatísticas para os problemas cotidianos a fim de atestar a probabilidade de realização dos comportamentos – de pessoas comuns, empresários, empresas, instituições, países etc. – simplificados pelos economistas. Em outros termos, o econometrista procura atestar a concretude de uma certa previsão econômica aplicando os modelos matemáticos e estatísticos às variáveis de certo comportamento econômico *a priori* previstos. (N.T.)

um resultado negativo, apesar de tudo ter sido feito da maneira correta, aquele de "tipo 2" se refere à obtenção de resultados positivos a partir de ações incorretamente adotadas (ou seja, ações contrárias ao pensamento único dominante). O próprio Milei explica:

> *Sou, claramente, um erro do tipo 2, porque sou economista, libertário e popular em um país de comunistas. Dentre os aforismos que coleciono, selecionei algumas pérolas:*
> - *Os políticos são sempre e em toda parte uma montanha de excrementos.*
> - *Os políticos são apenas uma gangue de ladrões.*
> - *Só há pessoas ineptas no governo.*
> - *Aqueles que ganham seu dinheiro honestamente devem poder gastá-lo como quiser. Quem é um político para decidir o que um indivíduo deve fazer com o seu dinheiro?*
> - *O Estado que chama de contribuinte o indivíduo de quem extorque dinheiro[44] é como o estuprador que chama sua vítima de namorada!*
> - *Quando os políticos inventam de dar um direito a alguém, alguém tem que pagar; e quem paga é só outro alguém que trabalha.*
> - *Keynes agrada muito os políticos, porque ele escreveu um panfleto dedicado a ladrões e corruptos.*
> - *Os políticos são uma merda humana. São a pior escória que existe; adaptam-se a tudo, sem tocar nos seus próprios privilégios de casta. Não resolvem nada: ao invés de reduzirem as despesas públicas, que é o que deveriam ter feito, decidiram aumentar os impostos.*

Obviamente, não alterei nenhum desses aforismos, apenas traduzi as suas afirmações públicas literalmente.

Ao contrário do que acontece na Itália, onde os liberais-chiques (acostumados a se sentarem à mesma mesa com os piores elementos da casta, mesmo com o mau cheiro debaixo dos seus narizes) quereriam, imediatamente, distância de um personagem do gênero de Milei, em Buenos Aires e nos seus arredores (e que arredores!), Milei se tornou uma estrela, ou melhor, uma espécie de rockstar. Começou por lotar os teatros do seu país, vendeu dezenas de milhares de exemplares dos seus livros, passou a dar palestras em diferentes cidades das Américas Central e do Sul, e, agora, há quem queira organizar um evento com

---

44. Este tradutor e anotador contumaz não poderia deixar de fazer menção, dada a identidade de pensamento, à célebre e cômica (não fosse trágica) máxima de Millôr Fernandes publicada há trinta anos, no já longínquo ano de 1994: "Me arrancam tudo à força, e depois me chamam de contribuinte". (*A Bíblia do Caos*. Porto Alegre: L&PM, 2009, p. 121) (N.T.)

ele em um pequeno estádio com 5 mil lugares. A pandemia adiou, por enquanto, o espetáculo.

Javier Milei é um *showman*; um *showman* a serviço da liberdade. É claro que o fato de ele – entre um insulto acertado e outro – ter antecipado a enésima crise econômica argentina não é um fato secundário; os jornalistas de todas as inclinações, que, inicialmente, o consideravam um charlatão, começaram a competir para parabenizá-lo e/ou convidá-lo para as suas transmissões, gabando-se da sua presença no estúdio.

Em março de 2019, quando eu estava em uma conferência organizada pelo Circulo Bastiat, em Sevilha, Gloria Álvarez[45] era uma das convidadas. Durante o jantar de gala, ela falava sobre isso e aquilo; terminou por evocar o professor Milei, considerado por todos os presentes um verdadeiro fenômeno. Depois, já em minha casa, tomei a decisão de tentar entrar em contato com ele e, em outra referência além das redes sociais nas quais eu seguia o economista portenho, resolvi escrever-lhe uma mensagem via Twitter:

> *Excelentíssimo professor, sou jornalista e fundador do Movimento Libertário Italiano; acompanho-o há muito tempo e gostaria de poder entrevistá-lo para levar ao conhecimento dos meus leitores o extraordinário trabalho que está fazendo.*

Menos de duas horas depois, Milei me respondeu e passou o seu WhatsApp; depois de outras duas horas, estávamos conversando ao telefone, ele confortavelmente sentado em Buenos Aires e eu no meu *bunker* em Treviso. Conversamos por cerca de trinta minutos... E foi nessa meia hora que eu entendi de que barro ele era feito: um homem de outro tempo com valores fortes, uma vida não pouco conturbada e um senso de respeito e amizade cada dia mais difícil de encontrar.

Respeito o amigo Javier – hoje, posso chamá-lo assim sem hesitação – por muitos motivos, mas, entre os muitos, especialmente por sua crítica ferrenha ao gradualismo e sua amarga reação ao *politicamente correto*, quer dizer, à hipocrisia.

---

45. Filha de pai cubano (seus avós paternos emigraram de Cuba para a Guatemala em razão do regime castrista) e mãe russa (de ascendência húngara, fugiu do regime soviético para os Estados Unidos), Gloria Álvarez é uma cientista política guatemalteca que fez fama na internet com os seus discursos críticos ao populismo na América Latina e a sua incondicional defesa ao libertarianismo. (N.T.)

O gradualismo é um debate recorrente até mesmo entre os libertários desde a época de Rothbard.[46] O que é, ou que coisa seria, o gradualismo? Na linguagem política/sindical – que me dá nojo –, o gradualismo representa uma tendência que prega o alcance de certos objetivos econômicos, políticos ou sociais através de reformas improvisadas. Refutando ainda mais essa definição da linguagem política/sindical diante da semântica interpretativa própria da linguagem política/sindical italiana, o gradualismo parece-me um *gattopardismo*, ou seja, *se queremos que tudo permaneça como é, é necessário que tudo mude* (conforme a fala de Tancredi no romance [*Il gattopardo* (em português: *O leopardo*), de Tomasi di Lampedusa); mas, hoje, tendenciosamente reinterpretado da seguinte forma: é preciso mudar tudo para não mudar nada.

Partindo desses exatos pressupostos, para o antissocialista Javier Milei o gradualismo sempre resulta na intocabilidade dos interesses do setor político; o que é errado. A história econômica recente da Argentina lhe deu plena razão.

Acerca da sua abordagem do politicamente correto, o economista fez escola e, graças às suas particulares formas de expressão, as ideias libertárias passaram a ser cultuadas e, lentamente, vêm se "impondo" no debate geral e entre o grande público, que também é composto de muitos sujeitos bastante jovens. Tudo isso, no entanto, é algo horrível, conforme antecipei acima, aos conformistas e aos politicamente corretos.

Além das centenas de milhares de seguidores em suas contas pessoais no Twitter, Instagram e YouTube, as frases de Milei começaram a aparecer nos muros das mais diversas partes da cidade de Buenos Aires: Enquanto, nas paredes, não raro se lê "Menos Perón, mais Alberdi"[47] ou "Nem mais um comunista" ou, ainda, "Graças à casta tudo acabou em merda", nas lixeiras, por sua vez, vão frases do tipo

---

46. Falecido em 1995, aos 68 anos de idade, o nova-iorquino Murray Newton Rothbard foi um historiador, filósofo e economista heterodoxo da Escola Austríaca que definiu o conceito moderno de libertarianismo, bem como fundou a teoria do "anarcocapitalismo". Entre outros pensamentos, definia o Estado como uma organização criminosa sistematizada e em larga escala e considerava a ideia de um banco central uma modalidade de fraude. (N.T.)

47. Juan Bautista Alberdi é um político, diplomata e escritor argentino. É considerado o autor intelectual da Constituição argentina de 1853, foi inspirada em sua obra *Bases y puntos de partida para la organización política de la República Argentina*, publicada no ano anterior, em 1852. Verdadeiro liberal, Alberdi é, muitas vezes, citado por Javier Milei.

"Keynes deve ser depositado aqui". Além desses exemplos, o slogan de Milei por excelência está em quase todos os lugares: "W la libertad carajo!".[48]

O sucesso que Milei tem alcançado é, realmente, algo sensacional. No Instagram, por exemplo, um dos muitos seguidores do professor relatou a seguinte história:

> Estou em um Starbucks e, enquanto bebo um cappuccino, percebo que há crianças perto da nossa mesa. Eles estavam brincando de super-heróis quando, um deles, disse "Eu sou Milei".

Javier realmente transformou o libertarianismo em objeto da cultura popular: em meados de fevereiro deste ano,[49] por exemplo, tornou-se viral o vídeo chamado *La marcha del gasto público* (A marcha da despesa pública), uma paródia da mais conhecida ária da mundialmente famosa ópera *La Traviata*.

Por seu turno, "El superhéroe de la libertad" é uma canção que a banda Los Herederos de Alberdi dedicou a Milei e já recebeu dezenas de milhares de visualizações. "El rap libertário" é, enfim, uma composição musical, cuja execução se inicia com a voz do próprio economista argentino, na qual ele atira em gastadores, ladrões e políticos corruptos.

São muitos os que se propõem a seguinte pergunta: "Que coisa Javier Milei ambiciona?". Certamente, "fazer política", alguém dirá; "conseguir uma poltrona bonita e confortável com um rico salário público", dirá algum outro. Ao que me parece, esse não é o caso, muito embora – mais cedo ou mais tarde – ele possa acabar sendo candidato à presidência da Argentina, talvez já em 2023.

Os políticos já o cortejaram, mas – muitas vezes publicamente – as suas respostas sempre foram categóricas:

---

48. Sim, o slogan é escrito, aqui, com a letra "W" no lugar do vocábulo "Viva". Na Itália, onde a presente obra, organizada pelo autor deste prefácio, foi publicada, "viva" é, de regra, substituído por "W" naquilo que, hoje, se denomina *webwriting* (algo como *estilo de escrita online*). A letra "W", que não faz parte do alfabeto italiano nem fazia do alfabeto romano, foi introduzida na escrita anglo-saxã entre os séculos VII e VIII. Ainda hoje, os italianos denominam tal letra de "*doppia vu*" (duplo v); de igual forma, em espanhol (inclusive na Argentina), fala-se "ve doble" (isso depois, é claro, de ter sido denominada "u em dobro"). Logo, porque "viva" é palavra dissílaba que contém, em cada uma das suas duas únicas sílabas, a letra v, ela é substituída, no *webwrting*, pela letra "W" (v em dobro). (N.T.)

49. A primeira edição deste livro é de 2020. (N.T.)

> Hoje, não me interessa fazer política; antes de fazer política é preciso fazer uma revolução cultural e limpar a cabeça das pessoas daquele amontoado de ideias socialistas demenciais que levaram a Argentina a não ser mais um dos países mais ricos do mundo, mas um país em contínuo declínio.

Essa é, justamente, a paixão do professor, e, como diz o seu sócio e amigo Diego Giacomini,

> Aqueles que pensam que a realidade está mudando nos círculos políticos ainda não libertaram a cabeça da doutrinação da educação pública, que nos ensina a ser religiosamente leais à política e ao Estado. Ninguém que tenha estudado Mises, Hayek, Rothbard, Huerta de Soto, Kirzner pensa em tamanha besteira.

Durante um programa de televisão, no qual o professor Milei colocou o dedo na ferida do Banco Central da República Argentina, o apresentador lhe perguntou se ele estava disposto a assumir o cargo de governador daquela instituição, renunciando à sua proposta de aboli-la. A resposta do professor foi peremptória:

> Meus valores e princípios são inegociáveis. Se me chamarem para o Banco Central, será porque deverão fazê-lo e saberão que o que vou fazer é dinamitá-lo.

Javier Milei é a encarnação da antipolítica; é, portanto, da anticasta! Sua atitude é, genuinamente, antipolítica; é a atitude pertinente àqueles que se opõem à arte do compromisso reduzida à mera prática de poder e que, por isso, criticam os partidos e os seus capangas, considerando-os dedicados à pura satisfação dos seus interesses pessoais e não aos interesses comuns. Muitos empreendedores apegados ao capitalismo relacional também acabam na sua mira; o que, na Itália, chamamos de "cabides", ele chama, em espanhol, de *impresaurios*.

Thomas Jefferson – pai da Revolução Americana – explicou que o preço da liberdade é a eterna vigilância. Na Argentina, como na Itália, todavia, em vez de vigiar, houve uma competição para pedir ajuda e negociar esmolas do Estado, fato que é, realmente, responsável por um contínuo retrocesso. Menciono um antigo dado que cai como uma luva: a Argentina, em 2001, faliu por excesso de estatismo. Quando o país quebrou, gastava 72% do seu PIB com despesas correntes. A Itália, para constar, gasta, hoje, mais de 60%!

A chamada "sociedade civil" transformou-se em "sociedade incivilizada" ao se agarrar a privilégios que ousa chamar de direitos. E as pessoas comuns, especialmente aquelas que labutam de sol a sol? Diminuíram numericamente e todas foram sugadas.

Javier Milei sempre diz que é um *minarquista*[50] de curto prazo e um *anarcocapitalista*[51] de longo prazo. Em suma, é um verdadeiro libertário que tenta mudar o paradigma ideológico que domina o país onde nasceu.

Quando se referem a ele como um expoente de direita, Milei – como muitas vezes me aconteceu – enfatiza que o anarcocapitalismo não é nem de direita nem de esquerda, nada mais é do que

> *o autogoverno de si próprio e representa a defesa radical e coerente dos direitos de propriedade e, logo, da liberdade.*

Ensina que o anarcocapitalismo

> *é um sistema policêntrico de direitos com jurisdições concorrentes, é uma forma de organização social espontânea, autônoma, não coercitiva, cujo objetivo é a cooperação. O anarcocapitalismo não significa caos, desordem ou barbárie, mas, simplesmente, a ausência do monopólio estatal. Esse anarquismo individual é coerentemente liberal e é, acima de tudo, moral! Anarquia e mercado não são contraditórios; a propriedade e o Estado, por outro lado, são incompatíveis.*

A antipolítica – como já tive a oportunidade de escrever em um velho livro meu – não é uma invenção do nosso tempo, uma palavra a ser usada para expressar algo depreciativo nos confrontos daqueles que gostariam de agir sozinhos. Bruno Leoni, há mais de cinquenta anos, perguntava-se:

> *Mas como é possível que um cidadão queira delegar as suas escolhas a um político que pouco ou nada sabe sobre o ofício alheio?*

---

50. Na filosofia libertária, *minarquista* é aquele que defende a chamada *minarquia*, quer dizer, o estatismo mínimo. Em outros termos, um Estado caracterizado unicamente pelo monopólio da força a ser aplicada tão só e exclusivamente na proteção do indivíduo em razão dos danos intencionalmente provocados por outros indivíduos de má-fé; em suma, um Estado com apenas três funções: militar, policial e judicial. (N.T.)

51. O sujeito *AnCap* é um entusiasta do chamado *anarcocapitalismo*, ideologia de fundo anarquista que, *grosso modo*, propõe a abolição do Estado através do reconhecimento absoluto da soberania individual baseada na propriedade e no livre mercado. (N.T.)

A mesma pergunta continua a ser colocada por Javier Milei a todos aqueles que o seguem e aumenta a dose toda vez que lhe falam sobre políticos, os quais ele julga da seguinte forma:

> *Os políticos jamais farão reformas que vão contra si mesmos. Se um jovem quer ficar na Argentina, ele deve ter claro sobre quem são os inimigos. Os inimigos são os políticos e temos de nos opor a eles; são eles que roubam o nosso futuro. Esta é a batalha; temos de os empurrar para um canto, temos de lhes dizer que são sociopatas inúteis, que não servem para nada, mesmo que queiram nos convencer de que somos os doentes mentais, incapazes de gerir as nossas vidas. Falso! São eles os parasitas que vivem daquilo que nós produzimos.*

Mesmo durante a pandemia, Milei conseguiu se destacar da multidão de idiotas úteis da quarentena. Em um belo livro intitulado *Pandenomics*, ele demoliu todas as falácias propagadas pela Organização Mundial da Saúde (OMS) e os seus governos amigos, demonstrando que os *lockdowns* – para citar Ricardo M. Rojas e Andrea Rondón García – nada mais são do que uma ferramenta perfeita para a supressão sistemática dos direitos de propriedade, bem como um crime contra a humanidade, uma arma política a ser vigiada e punida.

Em quase trinta anos de estudo, especialização e trabalho, eu, que, no início da minha carreira, acreditava-me liberal (na realidade, era um estatista), tornei-me um AnCap. Muitos daqueles que, por outro lado, se declaravam liberais (mesmo coerentes) nos anos 1990 tornaram-se estatistas e patrocinadores da tributação da qual vivem.

Em minha longa carreira profissional como jornalista e editor e, acima de tudo, como ativista libertário, conheci centenas de personagens. Muitos deles – ao longo do tempo – mostraram-se nada mais do que vira-casacas, idiotas úteis ou mesmo coletivistas disfarçados. Faz parte da natureza humana. Javier Milei – cujas técnicas de comunicação e ação devem ser replicadas na Itália – fortaleceu, revigorou e tonificou o meu orgulho de ser um libertário.

Portanto... ¡¡¡*W LA LIBERTAD CARAJO!!!*

OS NÚMEROS DO PROFESSOR

Quando "don Javier" sobe ao palco, o público ruge e ele, agitando os braços, os incentiva e envolve como se fosse o maestro de uma orquestra.

O Professor Javier Gerardo Milei encheu todas as salas onde apareceu: 750 pessoas no Teatro Roxy em Mar del Plata; 200 em São Bernardo; 600 em dezembro de 2019. *El consultorio dei Milei* – a sua peça teatral – ultrapassou US$ 1 milhão as bilheterias e foi encenada em Miami, Nova York e também em quatro cidades espanholas (Málaga, Madri, Castellón e Santiago de Compostela).

Antes do início de sua turnê internacional, os números do economista argentino eram estes: mais de 2.600 espectadores na plateia. Preço-base do ingresso? US$ 300! Sem contar as quase 30 mil pessoas que participaram da suas quarenta conferências entre a Argentina e o exterior, com uma participação média de 750 pessoas. Nesses casos, o valor do ingresso variava de acordo com o evento.

Nesse meio-tempo, o seu *Tour de la Libertad* multiplica os seus seguidores na Argentina e em outros lugares. Em maio de 2019, no México, Milei e Gloria Álvarez encantaram mil pessoas ao vivo, mas 65 mil os acompanhavam *online*. Pouco antes, o professor havia lotado o Auditório Lenin (nada mal, não?), do Instituto Politécnico Nacional, com 350 pessoas.

Em dezembro de 2019, ele reuniu trezentas pessoas no Uruguai: cada espectador pagou US$ 100. Em Rosário, o economista participou da conferência da Fundación Libertad, que contou com a presença de 2 mil pessoas. Em Córdoba, foram 1.600, e, junto com Nicolás Márquez e Agustín Laje, esgotaram-se os mil lugares do auditório Belgrano. Apenas a covid-19 freou as suas turnês.

Seu público? Libertários formados, curiosos e, sobretudo, muitos jovens de 15 a 25 anos.

Graças a Milei, em 2019, publicações de Mises, Rothbard e Henry Hazlitt triplicaram as suas vendas na Argentina. Os economistas mais populares, como Milton Friedman e Huerta de Soto – todos muito citados pelo professor –, aumentam as vendas em 20% ao ano.

VIVA A LIBERDADE, CARAJO!

— TEXTOS SELECIONADOS DE
JAVIER **MILEI**

*Dedicado aos dezoito anos de atividade
do Movimento Libertário*

PRIMEIRA PARTE

O PENSAMENTO DE UM INTELECTUAL "AUSTRÍACO"

SOBRE A
NATUREZA DO ESTADO

O grande sociólogo alemão Franz Oppenheimer apontou que somente existem dois caminhos de obter riqueza e que elas são mutuamente excludentes. Em primeiro lugar, o método de produção e troca, que ele chamou de "meios econômicos".

A única maneira de o homem alcançar a satisfação das suas necessidades e melhorar o seu padrão de vida é usando a sua mente e a sua energia para transformar os recursos ("produção") e trocar esses produtos por bens criados por outras pessoas. O homem descobriu que, através do processo de troca voluntária, a produtividade e, portanto, o padrão de vida de todos os participantes da troca aumentam enormemente.

O único caminho "natural" para a sobrevivência do homem e para a obtenção de riqueza é, portanto, o uso da sua mente e da sua energia para se engajar no processo de produção e troca. O homem faz isso, primeiro, encontrando os recursos naturais e, depois, transformando-os ("misturando o seu trabalho com esses", como explica John Locke), tornando-os sua propriedade individual, e, em seguida, novamente trocando essa sua propriedade por aquela obtida de outros. O caminho social ditado pelas necessidades da natureza do homem é, portanto, o chamado caminho dos "direitos de propriedade".

O outro caminho é mais simples por não demandar produtividade: é o método de roubar os bens ou serviços dos outros por meio da força e da violência. Esse é o método do confisco unilateral, do roubo de bens alheios. Esse é o método que Oppenheimer chamou de "meios políticos" para a riqueza. Deve ficar claro que o uso pacífico da razão e da própria energia para a produção é o caminho natural do homem, o seu meio de sobrevivência e prosperidade. Também deve ficar claro que os meios coercitivos e exploratórios são contrários ao direito natural e constituem um mecanismo parasitário (a menos que o roubo e o tratamento desigual perante a lei – leia-se, caso prefiram, *justiça social* – sejam considerados características positivas da sociedade), porque, em vez de aumentarem a produção, subtraem.

Os "meios políticos" desviam a produção em favor de um indivíduo ou grupo parasitário e destrutivo; esse sequestro não apenas tira dos produtores, mas também reduz o incentivo para produzirem além de seus próprios sustentos. Ou seja, os fatos não validam a hipótese de John Stuart Mill, que sublinha a independência entre produção e distribuição, mas esses fenômenos são duas faces da mesma moeda. Por sua vez, a longo prazo, o ladrão acaba destruindo os próprios meios de subsistência, diminuindo ou eliminando a própria fonte de seus suprimentos. Mas, além disso, mesmo a curto prazo, o predador age contra a sua própria natureza de ser humano.

Assim, agora, podemos responder de forma mais completa à pergunta: Que coisa é o Estado? O Estado, nas palavras de Oppenheimer, é a organização dos meios políticos; é a sistematização do processo predatório em um determinado território. Porque o crime é, na melhor das hipóteses, esporádico e incerto, o seu parasitismo é efêmero e a sua vida coercitiva e parasitária pode ser interrompida a qualquer momento, mas somente através da resistência das vítimas.

Por outro lado, o Estado fornece um arcabouço legal, ordenado, sistemático e permanente para a pilhagem da propriedade privada e torna segura e, relativamente, pacífica a vida em sociedade da casta parasitária.

Com base nisso, é preciso deixar claro que, como a produção deve sempre preceder a depredação, o livre mercado é anterior ao Estado, e que, por sua vez, o Estado não é consequência de um "contrato social", pois sempre nasceu da conquista e da exploração.

No entanto, o Estado é quase que universalmente considerado uma instituição de serviço público. Alguns teóricos reverenciam o Estado como a apoteose da sociedade. Outros o veem como uma instituição amiga, que, embora por vezes ineficiente, constitui uma organização para a consecução de fins sociais; e quase todos o consideram um meio necessário para alcançar os objetivos da humanidade, um meio de se opor ao "setor privado" e que, geralmente, vence nessa competição por recursos.

Com o surgimento da democracia, a identificação do Estado com a sociedade é duplicada a ponto de se tornar comum ouvirmos a expressão de sentimentos que violam, praticamente, todos os princípios da razão e do bom senso, como "Nós somos o Estado". O termo coletivo "Nós" é útil, pois permite que a realidade da vida política seja camuflada ideologicamente. Se "Nós somos o Estado", tudo o que um governo faz a um indivíduo, então, não é apenas justo e não tirânico, mas também voluntariamente aceito pelo indivíduo envolvido.

Por exemplo, se o governo contraiu uma enorme dívida pública que deve ser paga tributando um grupo em benefício de outro, a realidade do ônus é obscurecida ao dizer que "devemos isso a nós mesmos"; se o governo recruta um homem ou o tranca em uma prisão por suas opiniões divergentes, quer dizer que "fez isso com ele mesmo" e, portanto, nada de grave aconteceu.

Em vez disso, devemos enfatizar que "nós" não somos o governo e o governo não é "nós". O governo não representa, em nenhum sentido preciso, a maioria do povo. Mas, mesmo que representasse, mesmo que 70% da população decidisse matar os outros 30%, ainda assim, tratar-se-ia de assassinato e não de suicídio da minoria massacrada. Se, pois, o Estado não é "nós", se não é a família humana que se reúne para decidir sobre os seus problemas comuns, se não é uma reunião de uma loja ou de um *country club*, o que é, então, o Estado?

Em suma, o Estado é aquela organização da sociedade que busca manter o monopólio do uso da força e da violência em um determinado território. Em particular, o Estado é a única organização que obtém sua renda não por meio de contribuições voluntárias ou pagamentos por serviços prestados, mas por meio de coerção. Enquanto os outros indivíduos ou instituições obtêm suas rendas por meio da produção de bens e serviços e da venda, voluntária e pacífica, desses bens e serviços a outros indivíduos e instituições, o Estado obtém a sua renda pelo uso da força, ou seja, da ameaça de prisão e sob a ameaça de armas de fogo. E, depois de promover o uso da força e da violência para obter sua receita, continua a regular as demais ações dos sujeitos individuais.

Poder-se-ia pensar que a mera observação de todos os Estados da História seria prova suficiente disso. No entanto, a aura do mito benevolente, há muito tempo, encobre as atividades violentas e hediondas do Estado, chegando a promover uma lavagem cerebral tão colossal que, para o despertar de uma consciência verdadeira sobre o que ele representa, requer-se um longo processo de elaboração e reflexão: o Estado é nosso maior inimigo.

NOSSO INIMIGO É O ESTADO:
O ROUBO ATRAVÉS DA REDISTRIBUIÇÃO

A missão primordial do pensamento libertário é a de se opor a todo e qualquer ataque aos direitos de propriedade individuais, à pessoa e aos objetos que ela adquiriu voluntariamente. Naturalmente, os criminosos, sejam eles tomados individualmente ou em gangues, se opõem a isso, mas, nesse sentido, não parece haver nada de distintivo no credo libertário, uma vez que todas as pessoas e escolas de pensamento rejeitam o exercício aleatório da violência contra o indivíduo e a propriedade. No entanto, a diferença fundamental entre os libertários e os outros não está no âmbito da criminalidade privada, mas em sua visão do papel do Estado, ou seja, do governo. Para os libertários, o Estado é o supremo agressor, o eterno, o mais bem organizado contra as pessoas e a propriedade dos indivíduos; quer dizer, o Estado é uma organização criminosa. Isso se aplica a todos os Estados, sejam eles democráticos, ditatoriais ou monárquicos, sem distinção de cor.

Para o libertário, há uma diferença crucial entre o governo e o resto das instituições sociais. Por um lado, há indivíduos ou grupos que recebem os seus rendimentos por meio de pagamentos voluntários, quer por uma contribuição voluntária ou doação, quer pela compra voluntária dos seus bens ou serviços no mercado. O seu sucesso consiste em servir aos outros fornecendo o melhor produto/serviço ao menor preço possível. Franz Oppenheimer define esse método como "meio econômico". Por outro lado, há o método de roubo aplicado pelo uso da violência. Nesse sentido, somente o governo é autorizado a encontrar recursos através de coação e violência, isto é, pela ameaça direta de confisco ou prisão se o pagamento não lhe for feito.

Essa cobrança coercitiva é a cobrança de impostos e é o que Oppenheimer definiu como "meio político". Claramente, é um método parasitário, pois exige uma produção prévia que o explorador pode confiscar, e este, ao invés de somar a sua contribuição à produção total da sociedade, apenas subtrai os seus recursos.

A "tributação" é, pura e simplesmente, um roubo, um roubo em larga e colossal escala que nem mesmo os maiores e mais notórios criminosos podem sonhar em realizar. E, como se tudo isso não bastasse, somente o governo pode usar os seus fundos para cometer atos de violência contra os seus cidadãos ou contra outros. Por essa razão, o Estado pode ser definido como a organização de meios políticos que se baseia na sistematização do processo predatório sobre uma determinada área territorial. Uma espécie de máfia com "respaldo legal".

Ao mesmo tempo, enquanto, na esfera privada, o crime é esporádico e incerto, o parasitismo é efêmero, não sistemático, e a vida parasitária e coercitiva pode acabar a qualquer momento diante da resistência da vítima. Na esfera pública, todavia, no caso do Estado, ele goza de uma via legal, ordeira e sistemática para a pilhagem dos bens dos produtores, o que torna tranquila, segura e até relativamente "pacífica" a vida da casta parasitária. Além disso, o Estado é, moralmente, muito pior que um ladrão comum, já que este, pelo menos, dá a cara, expõe o seu corpo e pode acabar na prisão, enquanto o político se protege através do uso monopolista da violência.

Em suma, na sociedade, só o governo tem o poder de atacar os direitos de propriedade dos seus cidadãos, seja para obter aluguéis, seja para impor o seu código moral, seja para aniquilar aqueles com os quais não está de acordo. Além disso, todo governo, mesmo o menos despótico, sempre obtém a parte mais importante de suas receitas por meio da cobrança coercitiva de impostos. Ao longo da história, foi o principal responsável pela escravização e morte de inúmeros seres humanos. E porque os libertários rejeitam, fundamentalmente, qualquer agressão aos direitos das pessoas e da propriedade, eles se opõem à instituição do Estado na condição, de este ser o maior inimigo desses preciosos direitos.

Por menor que seja o poder do governo, por menor que seja a carga tributária ou por mais igualitária que seja sua distribuição, por sua própria natureza, ele cria duas classes desiguais e intrinsecamente conflitantes na sociedade: 1) os que pagam impostos ("os contribuintes"); e 2) os parasitas que vivem de impostos. Portanto, quanto maior o peso do Estado no processo decisório e quanto maior a carga tributária, maior a desigualdade artificial imposta entre essas duas classes.

Resumidamente, o Estado usa o monopólio da força e do crime para controlar, regular e coagir os seus infelizes súditos. Às vezes, ele também consegue controlar a moralidade e a existência cotidiana dos seus subordinados. O Estado usa as suas rendas provenientes da coerção não apenas para monopolizar e, incompetentemente, prestar serviços ao público, mas também para construir o seu poder sobre esse público e às custas desse mesmo público explorado e molestado. Redistribui a renda e a riqueza do público para si mesmo e aos seus aliados com o único objetivo de controlar, dominar e subjugar os habitantes do seu território.

Portanto, em uma sociedade verdadeiramente livre, na qual todos os direitos individuais da pessoa e a propriedade dos seus bens sejam respeitados, o Estado, necessariamente, deveria deixar de existir.

JUSTIÇA SOCIAL:
CAMINHO PARA O AUTORITARISMO

O contraste entre pobres e ricos, entre cabanas e palácios, entre deserdados e proprietários, entre trabalhadores e capitalistas é a grande questão que, há milênios, tem movido, mais ou menos violentamente, os homens e da qual sempre, quando o contraste se agudiza, surgem os campeões da igualdade e da justiça que questionam os resultados da economia de livre mercado.

Todavia, vale ressaltar que a distribuição de renda é desigual em todos os lugares, no sentido de que há um grande número de pequenos rentistas em comparação com um pequeno número de grandes rentistas. É nesse contexto que surge o conceito de justiça social, que é utilizado como sinônimo de justiça distributiva e dá origem ao estabelecimento de um sistema de tributação progressiva proposto por Marx e Engels em 1848 para espoliar a burguesia do seu capital e, depois, transferi-lo para o Estado.

Não obstante, o processo de mercado, como apontou Hayek, corresponde à definição do jogo e, como tal, representa uma disputa jogada segundo as regras (direitos de propriedade e respeito aos contratos) e decidida por meio de competência superior e/ou sorte. Nesse jogo, os preços do mercado livre desempenham um papel fundamental, indicando quais bens produzir e quais meios utilizar para produzi-los.

Além disso, os indivíduos, buscando maximizar seus lucros a tais preços, farão tudo o que puderem para melhorar o bem-estar de qualquer membro da sociedade, garantindo que todo o conhecimento disperso de uma sociedade seja levado em conta e utilizado. Portanto, considerando justa aquela regra de remuneração que contribui para maximizar as oportunidades de cada membro da comunidade escolhido aleatoriamente, devemos estimar que as remunerações determinadas pelo mercado livre de intervencionismo são equitativas.

Naturalmente, o resultado do jogo de mercado significará que muitos terão mais do que os seus pares pensam que merecem e, ainda, muitos mais terão muito menos do que pensam que deveriam ter. Todavia, os altos lucros reais do sucesso, merecidos ou acidentais, são um elemento essencial no direcionamento de recursos em que eles podem dar uma contribuição maior para a criação de um produto ou serviço, do qual todos tiram sua parte. Afinal, são as perspectivas de lucro que levam uma pessoa a investir mais no produto.

Nesse contexto, não surpreende que tantas pessoas queiram corrigir essa situação por meio de um ato autoritário de redistribuição. No entanto, se indivíduos ou grupos que participam do jogo aceitam seus lucros como justos, é equivocado pensar que eles recorram aos poderes coercitivos do governo para inverter o fluxo de coisas boas a seu favor. De fato, quando discriminam, coercitivamente, os governados e começam a manipular os sinais de preços de mercado na esperança de beneficiar grupos que se pretendem, particularmente, merecedores, os governos caminham para o colapso dos resultados de elevado crescimento e prosperidade alcançados.

À luz de tudo isso, indagando com base nas reivindicações feitas em nome da justiça social, descobrimos que elas são sustentadas pelo descontentamento que o sucesso de alguns homens produz nos menos afortunados, ou, para dizer claramente, pela inveja. De fato, a tendência moderna de se entregar a essa paixão, dissimulando-a sob o respeitável disfarce de justiça social, representa uma séria ameaça à liberdade.

Nesse sentido, vale lembrar que o grande objetivo da luta pela liberdade tem sido alcançar a igualdade de todos os seres humanos perante a lei, que, diante das diferenças naturais entre os seres humanos, leva a resultados desiguais.

Portanto, qualquer tentativa de controlar parte da remuneração por meio de um sistema tributário progressivo não apenas redistribui, violentamente, aquilo que o mercado já tem distribuído de forma justa, mas também implica uma disparidade de tratamento perante a lei em função do sucesso obtido para atender às necessidades dos outros.

Assim, quanto mais bem-sucedido for um indivíduo, mais proporcionalmente alta será a sua punição fiscal. Como resultado, isso criaria um tipo de sociedade que, em todas as suas características fundamentais, se oporia à sociedade livre, na qual a autoridade decidiria o que o indivíduo deveria fazer e como fazê-lo. Em suma, não só a justiça social é injusta, como conduz a um modelo totalitário.

SEM LIBERDADE PARA ESCOLHER, **TODO HOMEM É IMORAL**

O maior desafio aos valores éticos do capitalismo de livre mercado vem de marxistas, socialistas e comunistas. O sistema é atacado principalmente do ponto de vista ético, argumentando-se que é materialista, egoísta, injusto, imoral, ferozmente competitivo, insensível, destrutivo e cruel.

Todavia, não obstante os ataques e difamações que têm sido feitos ao sistema capitalista, chama a atenção o fato de que, mesmo sem ter havido a intenção de fazê-lo, qualquer melhoria na economia depende da acumulação de capital, do aumento constante da produção e do aprimoramento de suas ferramentas, pressupostos que o capitalismo, para promover esse bem-estar, tem satisfazido muito mais do que qualquer outro sistema.

Portanto, se vale a pena defender o sistema capitalista, de nada adianta limitar-se a defendê-lo do ponto de vista técnico, argumentando que ele é muito mais produtivo e eficiente, a menos que se possa demonstrar que os ataques socialistas baseados na ética são falsos e infundados, que o argumento da desigualdade de renda tem sido o emblema dos erros que tanto mal têm causado à humanidade.

As principais categorias que estabelecemos para uma teoria de redistribuição de renda são os salários dos trabalhadores, as rendas sobre a terra e os juros sobre o capital, que correspondem aos fatores de produção: trabalho, terra e investimento. Se procedermos dessa forma, chegaremos a uma teoria da formação dos preços dos fatores de produção, que são dados pelo valor de seu produto marginal, ou seja, o produto entre o preço de mercado do bem que geram (interação de preferências e escassez) e a produtividade marginal do fator em questão.

Consequentemente, ninguém pode ser enganado sobre esse fato de que distribuição de renda constitui uma parte inseparável do processo produtivo e que está sujeita a leis semelhantes às das outras partes integrantes. Também não se pode duvidar de que a formação do preço dos fatores de produção, nos quais determina a distribuição de renda, desempenha funções essenciais na lógica do funcionamento do processo produtivo, da qual não é possível nem desejável abrir mão. Portanto, quando se tenta mudar esses resultados naturais do sistema de modo coercitivo (redistribuição por meio de desapropriação e/ou impostos), provoca-se um declínio na produção.

Em função disso, onde há livre concorrência, o sistema tende a dar ao trabalho aquilo que o trabalhador cria, aos capitalistas, o que o capital cria, e aos latifundiários, a renda que eles geram. Ao mesmo tempo, tende a dar a cada produtor a quantidade de riqueza que produziu. Assim, nesse sistema, não apenas vem descartada a teoria da exploração, segundo a qual "os trabalhadores são roubados do que produzem"; ele significa, essencialmente, que o sistema capitalista é justo.

Ao mesmo tempo, os proprietários privados de bens produtivos não podem usar a sua propriedade de forma alguma, já que são obrigados a utilizar os seus bens produtivos de modo tal a promover a melhor satisfação possível do próximo. Se eles se saírem bem, a recompensa é o lucro, mas, se ineptos ou ineficientes, a penalidade é a perda. Em uma economia de livre mercado, os consumidores, por meio de suas compras ou abstenções de compra, decidem, todos os dias, quem será o proprietário da propriedade produtiva e de quanto desta propriedade. Em suma, os donos do capital são obrigados a utilizá-lo para satisfazer as necessidades dos seus semelhantes; caso contrário, eles falirão.[52]

---

52. No texto original em italiano, é empregado o verbo *fallire*, conjugado no futuro do presente, na terceira pessoa do plural: "*falliranno*". No idioma italiano, *fallire* é empregado tanto com o significado de *fracassar, falhar, não ter sucesso, obter êxito negativo* diante dos objetivos pessoais, quanto no sentido jurídico de *falir, quebrar* a atividade empresarial. Já na língua portuguesa, muito embora *falir* receba definições dicionarizadas que poderiam, desavisadamente, sinonimizá-lo com os verbos *falhar* e *fracassar*, cumpre destacar que esses significados sinonimizantes constam, expressamente, nos dicionários como "fig.", quer dizer, *em sentido figurado*. Assim, uma vez que, no texto original, "*falliranno*" se refere aos donos do capital investido dentro das regras do sistema de mercado, parece mais acertada a sua tradução pelo vocábulo "falirão". (N.T.)

Logo, como afirmou Henry Hazlitt:

> *O sistema capitalista é um sistema de liberdade, justiça e produção. Em todos esses aspectos, ele é, infinitamente, superior a todos os outros sistemas, que são sempre coercitivos. Mas essas três virtudes não devem ser separadas. Cada uma delas nasce da outra. O homem só pode ser moral quando é livre. Somente quando ele tem liberdade de escolha se pode dizer que ele escolhe o bem e não o mal. Ele só se sente tratado de forma justa quando tem a liberdade de escolher, quando tem a liberdade de obter e conservar os frutos de seu trabalho. Reconhecendo que sua recompensa depende de seu próprio esforço e da produção a serviço dos seus semelhantes, cada homem tem o maior incentivo para cooperar ajudando os outros a fazer o mesmo. A justiça do sistema deriva da justiça das recompensas que ele oferece.*

LIBERDADE E PROPRIEDADE
INEXISTEM SEM A VIDA

Comecemos por dizer que a defesa do presidente Alberto Fernández no mérito da descriminalização do aborto, qual seja, que ele "é praticado clandestinamente de qualquer maneira", é uma piada.

O que quero dizer? Que, se assim fosse, deveríamos eliminar todas as normas sobre homicídio, todas as normas sobre roubo, já que – argumentando como Fernández – esses crimes existiriam de qualquer maneira.

Em primeiro lugar, quando tenho de discutir um assunto com alguém, não tolero que se apele a conceitos completamente falaciosos, especialmente quando se trata do presidente da República Argentina, que é pago com o dinheiro dos contribuintes e que não pode pensar em tratá-los como estúpidos.

Dito isso, eu tenho uma posição que é filha da minha concepção filosófica. Eu sou um liberal. O liberalismo, como nos ensinou Alberto Benegas Linch Hijo,[53] "é o respeito absoluto pelo projeto de vida dos outros".

Ora, quais são os três direitos fundamentais que um liberal, desde John Locke e até hoje, reputa inalienáveis? O direito à vida, o direito à liberdade e o direito de[54] propriedade. Então, aqueles que tomam partido contra a vida não terão nem liberdade nem propriedade que as valham. Mas isso não é tudo.

---

53. Ver N.T. 14 do capítulo "*Se siente, se siente, Milei presidente.*"

54. Interessante destacar, aqui, a apurada apresentação desses direitos por Javier Milei. Perceba o leitor que, diversamente dos direitos à (para a) vida (para viver) e à (para a) liberdade (para ser livre), não há direito à (para a) propriedade (para ser proprietário), mas, como corretamente apresentado pelo autor, direito "DE" propriedade. Fosse direito "À" propriedade, esse direito evocaria a noção soviética presente no Direito brasileiro através da expressão "reforma agrária", que insufla não proprietários de terra a uma equivocada pretensão, fundamental apenas no papel, de se tornarem proprietários. Ora: naturalmente, o ser humano é concebido para, necessariamente, viver e ser livre, mas não para ser proprietário necessariamente. Como conquista de uma vida pessoal livre e honesta, o direito de usar, gozar e dispor da sua

Biologicamente falando, a vida humana começa no momento da concepção. Além disso, quando falamos de vida, não devemos nos referir apenas ao corpo humano, mas devemos ter em mente o conceito de continuidade da própria vida; a vida é uma função contínua e, portanto, é também uma questão de natureza matemática.

A vida é um *continuum* e tem dois extremos: um é a concepção, que defino como nascimento, e o outro é a morte.

Deixe-me fazer-lhe uma pergunta agora: em qual momento da vida de uma criança você deseja indicar para que se aborte? A 8ª semana, a 24ª, a 14ª como no projeto de lei apresentado? Digamos que você escolha a 12ª semana (aquela na qual o sistema nervoso do feto já está formado) para indicar o prazo dentro do qual abortar.

Eu lhe pergunto: 14 semanas menos 1 segundo não dá algum direito a um ser humano, enquanto 14 semanas mais 1 segundo faz do feto um sujeito com todo o direito? Atenção: esse intervalo de 2 segundos é um motivo para fazer do aborto um assassinato?

Provavelmente a melhor metáfora para esclarecer o que estou tentando explicar pertence a Walter Block, um dos principais expoentes mundiais do anarcocapitalismo. Consideremos que eu, com meu avião pessoal, decido fazer uma viagem para Paris e digo ao meu amigo Pancho para vir comigo. Durante o voo, talvez no meio da viagem, sobre o oceano, Pancho me incomoda com uma discussão na qual se mete a defender o comunismo. Nesse momento, fico ofendido com Pancho a ponto de não me sentir disposto a aceitar a sua presença na cabine. Eu sou o dono da aeronave, não? Nesse ponto, enquanto estamos bem no meio do Atlântico a uma altitude de 10 mil metros, ordeno que ele saia do avião!

Se Pancho fosse forçado a sair naquele momento, minha conduta seria um assassinato perfeito. Podemos, então, discutir como Pancho entrou no avião, já que eu o convidei, aliás. Mas se ele se convence de sair por espontânea vontade,

---

propriedade recai sobre o instituto da propriedade como fruto do bom uso da vida livre da pessoa. Logo, a lógica leva a esta única conclusão: O direito é "DE" propriedade, pois emana tanto do objeto apropriado quanto da forma como foi apropriado; e não do ser humano, muito embora se trate de um direito em seu proveito. Não houvesse tal reconhecimento do direito de propriedade, a barbárie nunca teria fim: se junto aos inatos direitos à vida e à liberdade não fosse elevado a essa espécie de *pódio fundamental* o direito de propriedade, inexistiria razão para que a liberdade humana fosse vivida honesta e responsavelmente. O *direito de propriedade*, portanto, é o único elemento que se sobrepõe à alternativa do caos de modo não coercitivo, não violento. (N.T.)

ele morre. E eu serei o culpado da sua morte. Se o constranjo a se jogar, morre de qualquer maneira. Em suma, veja como quiser, mas eu, o dono do avião, cometo assassinato. Mesmo que Pancho tivesse entrado clandestinamente e eu o jogasse fora do avião, eu cometeria um crime. Além disso, gostaria de lembrar que o fato de alguém cometer um crime contra uma pessoa não significa que essa pessoa (a vítima) tenha o direito de cometer um crime contra uma terceira pessoa. Um crime não se resolve cometendo outro crime!

Walter Block, economista e liberal, propôs uma posição conhecida como "direito de despejo". Essa posição separa o conceito de aborto em duas partes: o ato de remover (despejar) um feto do útero e o ato de matá-lo. Ele sustenta que às pessoas seja concedido despejar da sua propriedade, e esse é um direito inalienável – em linha com a maior parte dos pensamentos liberais. Uma ressalva acrescenta que isso deve ser feito usando os métodos menos prejudiciais possíveis.

Por exemplo, uma criança pequena brincando no gramado alheio pode ser escoltada para fora, mas um intruso armado em casa poderia demandar um pouco mais de força, inclusive uma força possivelmente letal, pois esse é o mínimo necessário para exercer o seu direito. Assim como uma mulher é dona do seu corpo e do seu útero, a posição de Block sustenta que um feto indesejado é um parasita e intruso. A mulher, então, tem o direito de "despejá-lo" usando qualquer método que possa causar o menor dano.

O argumento prossegue afirmando que, atualmente, não existe uma maneira de "despejar" o feto sem acabar com a sua vida e, portanto, fazê-lo é, de fato, a opção menos danosa. Nenhuma outra opção está disponível para fazer valer o direito ao despejo. Se os avanços tecnológicos permitissem remover o feto sem acabar com a sua vida (transferindo-o para um útero artificial ou outro substituto), então essa se tornaria a opção menos danosa.

Voltando ao aborto, o único caso em que isso é, a meu ver, justificável é quando há certo risco de morte da mãe. Vamos a um exemplo: você está na sua propriedade e entra alguém que não é desejado, um ladrão por exemplo, e a sua intenção é expulsá-lo. Deixe-me lhe fazer uma pergunta: qual é a primeira coisa que você tenta fazer para colocá-lo para correr? Matá-lo? Sua primeira reação não será matá-lo, mas fazê-lo fugir. Obviamente, quando o ladrão invade a sua propriedade armado e com más intenções, aí sim, você corre risco de vida e, nesse caso, terá o direito de eliminá-lo fisicamente.

No caso do aborto, portanto, quando a vida da gestante está em perigo, o ato voluntário de renúncia ao nascituro é totalmente desculpável.

Seja como for, no que diz respeito à lei sobre a legalização do aborto, o meu ponto de vista final pode ser resumido da seguinte forma: esta lei é inconstitucional; é contrária à opinião da Academia Nacional de Medicina; é contrária ao estudo da vida humana; é contra a minha filosofia liberal; e é, inclusive, contra a matemática.

O MERCADO É UM MÉTODO,
UM CONTÍNUO PROCESSO DE DESCOBERTA

Há duas maneiras diferentes de lidar com o mercado capitalista, mesmo entre os próprios economistas que consideram o sistema de preços livres o melhor mecanismo para desempenhar funções alocativas em uma economia.

De um lado, há o caso típico da microeconomia, no qual, em mercados perfeitamente competitivos, a economia opera com total conhecimento. Assim, a escolha de um indivíduo é a melhor entre uma série de alternativas conhecidas. Diante dos preços de todos os bens, cada tomador de decisão pode transformar seu orçamento em uma série de bens e serviços alternativos e, dentre todos esses, seleciona aquele que considera preferível, de modo que essa seleção constitua o conjunto de compras e vendas que realiza no mercado. Nessa perspectiva, a façanha de um mercado competitivo é que os bens comprados e vendidos se adaptam perfeitamente graças aos preços de equilíbrio conhecidos por todos. Toda tentativa de compra e venda é bem-sucedida. Mercadorias podem ser vendidas a um preço vantajoso tanto para o vendedor quanto para o comprador. Portanto, neste quadro de mercado, não há surpresas e, assim, não há lucros ou perdas extraordinários.

Por outro lado, essa visão contrasta fortemente com a posição da Escola Austríaca, que caracteriza o mercado como um processo de descoberta, em que cada preço pago ou cada renda recebida faz parte de um sistema, no qual cada transação é o resultado de descobertas simultâneas feitas por todas as partes envolvidas.

Ora, o mercado consiste em uma sucessão de transações em constante mudança, que surgem como resultado da interação de ofertas. Em um dado momento, os bens adquiridos pelos compradores e a renda recebida pelos vendedores representam as descobertas feitas, até então, por um ou outro ator. Eles também expressam os erros que cometeram e que outros teriam cometido se estivessem cientes das reais possibilidades do mercado.

Neste contexto, as descobertas empresariais podem continuar a ser feitas na medida em que existem, sem aproveitar as oportunidades de uma troca mutuamente benéfica entre qualquer par de participantes no mercado e com relação a qualquer par de ativos que possuam. Além disso, em um mercado com múltiplos bens, a descoberta de uma oportunidade produzirá uma cascata de novas mudanças nas decisões de compra e venda dos indivíduos, bem como novas oportunidades para trocas mutuamente benéficas. Assim, o processo de mercado consiste, justamente, na sucessão de descobertas induzidas, um processo que seria interrompido apenas na ausência de mudanças exógenas. Ou seja, quando todas as oportunidades de trocas mutuamente benéficas já foram exploradas e não há lugar para novas descobertas comerciais.

Portanto, segundo a Escola Austríaca, diferentemente da visão microeconômica, a ênfase está na ignorância (falta de conhecimento) que se esconde por trás de cada decisão tomada. Ademais, o sucesso do mercado não consiste em sua capacidade de produzir exatamente um conjunto de preços de equilíbrio que leva a um número infinito de decisões perfeitas (cada uma tomada com perfeito conhecimento de todos os preços). Em vez disso, o sucesso, no mercado, é julgado por sua capacidade de gerar descobertas.

A partir de um determinado contexto de ignorância mútua entre os participantes do mercado, o seu funcionamento oferecerá, espontaneamente, os incentivos e as oportunidades que, eventualmente, levarão esses participantes a dissipar, cada vez mais, as névoas do não conhecimento. De fato, são esses nevoeiros os responsáveis pela incapacidade do mercado de alcançar um equilíbrio perfeito; e é, justamente, o fato de o mercado gerar, continuamente, intuições que dissipam tais nevoeiros que lhe permite alcançar o grau de ajuste realmente necessário.

Por último, a justificação racional da utilização da concorrência decorre da falta de conhecimento prévio dos fatos que determinam a atuação dos concorrentes. Para o esporte, bem como para os exames ou prêmios de poesia, de nada adiantaria organizar uma competição se soubéssemos, com antecedência, quem seria o vencedor. Por conseguinte, o concurso deve ser considerado um procedimento de descoberta de fatos que, sem a concorrência, permaneceriam desconhecidos por todos ou, pelo menos, não seriam utilizados.

Dois corolários surgem, imediatamente, dessa formulação: 1) a competição é valiosa por seus resultados imprevisíveis e que são diferentes daqueles deliberadamente perseguidos; e 2) os efeitos geralmente positivos da concorrência incluem a decepção ou a insatisfação de algumas expectativas ou intenções.

SOCIALISMO + IMPOSTOS = MULTIPLICAÇÃO DA POBREZA

As políticas de muitos governos – não do socialismo real – aplicaram diferentes tipos de medidas que sobrecarregam os direitos de propriedade de tal forma que os políticos podem se apropriar de todos os benefícios.

Portanto, os lucros são confiscados por várias medidas de controle de preços sob o pretexto de fazer um favor aos consumidores. Tais governos apoiam os sindicatos nos seus esforços para se apropriarem, segundo um princípio de capacidade do pagamento com base na determinação do salário, de uma parte dos lucros dos empregadores. Finalmente, procuram confiscar — através de impostos progressivos sobre a renda, de impostos especiais sobre as sociedades e de impostos sobre "lucros excessivos" — uma participação crescente nos lucros para financiar os delírios messiânicos da sociedade política parasitária.

Emerge com clareza que, se estas políticas persistirem, logo conseguirão eliminar completamente os lucros das empresas e, assim, perturbar a coordenação da economia.

O efeito final de tudo isso seria, então, a realização completa do socialismo, que não apenas assustaria os empresários, mas também destruiria o sistema capitalista, que não pode sobreviver à abolição do lucro.

É o lucro que obriga os capitalistas a usarem o seu capital para prestar o melhor serviço possível aos consumidores. Se os políticos alcançarem seu objetivo de abolir/apropriar-se totalmente do lucro, a economia caminhará para o caos e tudo o que obterão será a pobreza.

Friedrich von Hayek destacava que, se os socialistas conhecessem a economia, não seriam socialistas. Na realidade, todas as razões apresentadas para uma política contra o lucro resultam de uma interpretação errada do funcionamento da economia de mercado. É por isso que a defesa clara do lucro das empresas é tarefa fundamental e inevitável.

QUEM ODEIA O CAPITALISMO
AMBICIONA A MISÉRIA

A superioridade quantitativa do capitalismo é perfeitamente capturada pela profunda relação positiva que existe entre os países mais ricos do mundo e os índices que medem a liberdade econômica.

Nesse sentido, os índices mostram que os países mais livres nos últimos cinquenta anos dobraram a taxa de crescimento em relação aos países reprimidos; daí que o PIB *per capita* dos países livres seja oito vezes maior em relação ao dos países reprimidos econômica e politicamente.

Ao mesmo tempo, o decil[55] mais baixo de distribuição nos países livres não apenas mostra uma renda *per capita* onze vezes superior ao mesmo decil dos países reprimidos, mas também representa o dobro da renda média de um país reprimido. Esse ponto não é menos importante, porque, tendo-se em conta que a distribuição de renda poderia ser caracterizada como uma função *qui-quadrado*[56]

---

55. Em estatística descritiva, *decil* significa *qualquer uma de 9 partes de um campo de análise (uma variável específica) dividido em 10 partes.* Exemplo: Um conjunto (ou grupo) dos países mais ricos do mundo é uma unidade. Esse grupo é dividido em 10 (10 décimos de 10 partes: 10/10 = 1). Nesse grupo de países (unidade independentemente do número de países) dividido em 10 (10 subgrupos que não necessitam conter o mesmo número de países em cada, pois são subgrupados através de uma avaliação qualitativa a partir de dados quantitativos), o primeiro decil representa o primeiro subconjunto composto dos países com os indicadores menos satisfatórios (também chamado de *percentil 10*). Sequencialmente, o segundo, o terceiro... até o nono decil, o limite para 90% dos dados mais baixos (ou *percentil 90*). No texto, Milei se refere ao pior subgrupo dentro do grupo dos países abertos para mostrar que, mesmo pertencendo a esse subgrupo (decil), os países desse decil apresentam indicadores 11 vezes superiores aos dos países do primeiro decil do grupo dos países fechados. (N.T.)

56. No campo da estatística inferencial (que faz afirmações e previsões a partir de um conjunto de valores representativos sobre determinado universo), *qui-quadrado* é uma das formas de distribuição para avaliar as chances de realização de um fenômeno, para precisar, quantitativamente, certa previsão, certo grau de certeza sobre o advento de acontecimentos a partir da relação entre resultados experimentais e a distribuição esperada para cada fenômeno em jogo. Tal função estatística é, matematicamente, simbolizado por χ^2, ou seja, pela letra *qui* (do alfabeto grego) ao quadrado. (N.T.)

e/ou *log-normal*[57] (distribuições em que a modalidade/média é inferior à média), na qual cerca de 75% têm uma renda abaixo da média, isso implica que uma pessoa pobre em um país livre vive muito melhor do que, pelo menos, três quartos da população de um país reprimido.

Por sua vez, essa superioridade nos níveis de renda *per capita* mostra, como efeito, que os países mais livres têm 25 vezes menos pobres e uma expectativa de vida dezesseis anos maior.

Enfim, embora deva ser óbvio, nos países com maior liberdade econômica, os cidadãos têm mais direitos políticos em geral, as mulheres em particular. Por fim, quando se analisa a evolução da renda *per capita* ao longo da história da humanidade, descobre-se que a condição natural do homem tem sido a pobreza. Assim, no ano de 1800, quando a população do planeta estava próxima de 1 bilhão, 95% da população vivia com menos de um dólar por dia. Ou seja, subtraindo 5% da população mundial, o restante vivia abaixo da linha da extrema pobreza.

Hoje, quase dois séculos após a chegada do capitalismo, não somente a renda *per capita* é quinze vezes maior como a porcentagem dos pobres extremos caiu abaixo de 5% em um mundo que abriga mais de 7 bilhões de seres humanos.

Como se pode odiar o capitalismo?

---

57. Outra forma de distribuição estatística, *log-normal* é uma variável aleatória (distribuição de probabilidade) cujo logaritmo (expoente a que outro valor fixo, o número de base, deve ser elevado para que se chegue a determinado número; *grosso modo*, o logaritmo eleva certo número a uma potência) é distribuído normalmente. Por exemplo: o logaritmo de 100 na base 10 é 2, pois 10 elevado ao quadrado equivale a 100 (10^2= 10 x 10 = 100). (N.T.)

CONDENAR O LUCRO
É CONDENAR À MISÉRIA

1. O debate sobre o lucro

Aos olhos daqueles que, paradoxalmente, se consideram "progressistas" e segundo aqueles que abraçam as ideias da esquerda, a principal falha do capitalismo é a distribuição desigual de renda e riqueza. Nesse sentido, o objetivo final das suas propostas políticas é alcançar a igualdade; nelas, os métodos para se obter a expropriação total dos meios de produção diferem apenas em velocidade.

Assim, enquanto os "progressistas" defendem (consciente ou inconscientemente) progressos graduais nos direitos de propriedade até que sejam esvaziados de conteúdo, os militantes da esquerda mais radicalizada propõem o caminho revolucionário para destruir o modo de produção capitalista. E, dentro dessa "lógica", o lucro corporativo é rejeitado, porque considerado imerecido, pois representa um lucro injustamente retirado dos trabalhadores ou consumidores ou de ambos. É isso que subjaz ao "direito ao produto completo do trabalho" e à teoria da exploração de Rodbertus[58] e Marx.

---

58. Johann Karl Rodbertus-Jagetzow (1805-75), apesar de um dos maiores latifundiários da Prússia, foi um dos teóricos do chamado *socialismo de Estado*, o "socialismo conservador", tendo sido o primeiro a estabelecer um ponto de conexão entre o socialismo e a economia com base na *Teoria do valor* de Adam Smith. A partir da constatação de que os assalariados, quando deixados à própria sorte, são incapazes de ganhar mais do que rendimentos de subsistência, Rodbertus defendeu a regulamentação governamental dos salários para que pudessem aumentar proporcionalmente aos aumentos da produtividade nacional. Segundo ele, dado que os proprietários constituíam uma minoria da população, poderiam ocorrer crises de subconsumo e de produção retardada. Embora esta doutrina fosse paralela a alguns dos fundamentos do socialismo, Rodbertus não descartou o conceito de capitalismo. Pelo contrário, ao recomendar que o governo legislasse sobre as condições de pagamento de salários, ele forneceu uma base conservadora para a intervenção estatal e assim ganhou o apoio para a legislação social de grupos que, normalmente, se opunham às políticas e preceitos socialistas. (N.T.)

Todavia, não obstante o fato de que essa doutrina esteja totalmente refutada graças ao desenvolvimento da teoria subjetiva do valor por Jevons, Menger e Walras, bem como, em particular, por Eugen Böhm-Ritter von Bawerk[59] em *Sobre a conclusão do sistema marxiano*, publicado em de 1896,[60] pode-se dizer que a maioria dos governos (se não todos) apoia essa visão, apesar do fato de ela ter sido rejeitada não apenas pela teoria, mas também pelas evidências empíricas do século XX e do presente. Assim, diante do colossal fracasso histórico do comunismo (socialismo real), aqueles que querem se mostrar moderados e generosos são a favor de aceitar que uma fração da renda seja destinada à restituição do capital investido pelos "exploradores".

Friedrich von Hayek destacou que, se os socialistas soubessem de economia, não seriam socialistas. Na verdade, todas as razões apresentadas para uma política *antilucro* resultam de uma interpretação errada do funcionamento da economia de mercado. É por isso que a tarefa de definir, claramente, o lucro das empresas é fundamental e inevitável.

2. A vantagem econômica no estado estacionário

No sistema capitalista, os empresários determinam o nível de produção de acordo com as preferências dos indivíduos. Desta forma, o desempenho dessa função está sempre sujeito à soberania dos consumidores, sendo a materialização dos lucros e perdas o mecanismo através do qual os recursos são geridos para serem canalizados para o máximo bem-estar. Todavia, na economia do estado estacionário, o comportamento do sistema na ausência de choques exógenos se repete de forma recorrente ao longo do tempo, razão pela qual é possível antecipar, perfeitamente (previsão perfeita), o estado futuro do mercado, de modo que os empresários não tenham lucro ou prejuízo. Eles comprariam os insumos a preços que, no momento da compra, já refletiriam, totalmente, os preços futuros dos produtos.

---

59. Economistas cujos trabalhos servem de base à Escola Austríaca, fundada por Carl Merger, na Áustria, e que tem Eugen Böhm Ritter von Bawerk (Von Böhm-Bawerk) como um dos principais expoentes. A escola deriva da tradição econômica *neoclássica* fundada de maneira mais ou menos independente, na Inglaterra, por William Stanley Jevons e, na França, por Léon Walras. (N.T.)

60. "Zum Abschluss des Marxschen Systems". In: O. Von Boenigk (org.), *Staatswissenschaftliche Arbeiten: Festgaben für Karl Knies*. Berlim: O. Haering, 1896. (N.T.)

PRIMEIRA PARTE: O pensamento de um intelectual "austríaco"

Nesse quadro, o lucro nunca seria normal e somente apareceria quando houvesse um choque exógeno que gerasse um descompasso entre a produção real e a produção que deveria existir para utilizar os recursos de forma a proporcionar a melhor satisfação possível aos desejos do público. Nesse quadro, os benefícios são a recompensa recebida por aqueles que acabam com o desequilíbrio e desaparecem tão logo o desequilíbrio deixe de existir. Assim, quanto maior o desequilíbrio, maior o benefício derivado da sua eliminação. Portanto, no estado estacionário, a renda será totalmente absorvida pela remuneração aos fatores de produção, ao capital e ao trabalho, e o benefício será nulo. Contudo, não há uma definição única para o estado estacionário; logo, não há uma maneira única de definir o benefício.[61]

No caso de uma economia sem depreciação de capital e com uma população constante, a taxa de retorno sobre o capital investido (valor do produto marginal do capital) deve ser igual ao custo de oportunidade do capital (WACC), que é derivado da média ponderada do custo pós-imposto do capital próprio e emprestado (dívida) que constitui o financiamento. Assim, o lucro operacional da empresa líquido de impostos [Ebit[62] × (1 – t)] é igual ao valor devido como retorno sobre o capital (produto entre o WACC e o capital investido). Por sua vez, se separarmos as receitas operacionais e os custos operacionais, depois de passar estes últimos para o outro lado da equação, fica implícito que as receitas são suficientes para cobrir o custo total associado à remuneração de matérias-primas, mão de obra, impostos e capital, ou, em outras palavras, que o preço é

---

61. Uma vez que, a este tradutor, a explanação sobre a dinâmica do Estado estacionário não tenha esclarecido o seu conceito, especialmente ao leitor que é leigo em economia, trago uma explicação mais básica: estado estacionário é um conceito usado em diversas matérias, como na física, na química e na economia, para descrever uma condição na qual um sistema está em equilíbrio e as suas variáveis não mudam ao longo do tempo. Ou seja, mesmo que haja fluxos ou movimentos internos, as condições gerais do sistema permanecem constantes. Na economia, um estado estacionário é um cenário teórico no qual o crescimento econômico, em termos de produção *per capita*, capital por pessoa e outras variáveis, não muda ao longo do tempo devido a taxas constantes de poupança, investimento e crescimento populacional. O conceito é útil para simplificar a análise de sistemas complexos, permitindo aos pesquisadores ou analistas concentrarem-se nas forças que mantêm o equilíbrio ao invés de nas forças que provocam mudanças. (N.T.)

62. Ebit é a sigla, em inglês, de *earnings before interest and taxes* (ganhos antes do reconhecimento das despesas com juros e impostos); esse cálculo permite entender os resultados operacionais informados no DRE (Demonstrativos de Resultados do Exercício). Em equação: EBIT = Lucro líquido + Resultado financeiro + Impostos (três informações constantes no DRE divulgado pelas empresas trimestralmente). Em português, a sigla utilizada é Lajir (lucro antes de juros e impostos), especialmente para evitar confusão com outra sigla bastante utilizada, o Ebitda (*Earnings Before Interest, Taxes, Depreciation and Amortization*), que soma ao resultado líquido as despesas com depreciação dos ativos tangíveis e amortização dos ativos intangíveis. (N.T.)

igual ao custo total médio. Assim, quando o preço do ativo for superior ao custo total médio, haverá um benefício, e, no caso oposto, haverá uma perda.

De outra parte, quando o capital é depreciado, a taxa de retorno deve, nesse momento, cobrir não apenas o custo de oportunidade do capital, mas também a depreciação do próprio capital. Logo, à medida que o tamanho da população cresce ao longo do tempo, um maior retorno sobre o capital investido é, agora, necessário para que haja maior poupança a fim de manter constante o estoque de capital *per capita*. Ou seja, a renda deve ser suficiente para cobrir todos os custos operacionais (matérias-primas, mão de obra, impostos e, neste caso, o retorno sobre o capital) mais os recursos necessários para equipar as novas gerações de indivíduos entrantes no mercado de trabalho.

No entanto, as condições de estabilidade para as quais a economia está se movendo não implicam que, *a priori*, "preços justos" de bens possam ser determinados com base no cálculo dos custos. Na verdade, os resultados que o empreendedor pode obter não se dão em função da quantidade material produzida nem dependem da quantidade de capital utilizada pelo empreendedor. Além disso, o capital físico, por si só, não gera lucros.

Nesse sentido, os lucros e prejuízos dependem, pura e exclusivamente, da capacidade ou incapacidade do empresário de adaptar a produção à demanda do consumidor. Portanto, a existência de lucros nunca é normal ou equilibrada. Em contraste, tanto os lucros positivos quanto os negativos (perdas) são fenômenos que ocorrem porque a normalidade foi perturbada (por exemplo, uma mudança nas preferências dos indivíduos em relação aos bens que desejam consumir ou um choque de produção), resultando na aparência de um desequilíbrio.

Isso porque, em um quadro completamente normal e equilibrado, nunca haverá um benefício diferente de zero, e, se ocorrer um choque exógeno que altere o funcionamento do sistema econômico, os benefícios emergentes (positivos e negativos) da realocação de recursos tenderão a desaparecer à medida que a tarefa for executada. Além disso, em uma economia de estado estacionário, os benefícios agregados são sempre zero.

3. Benefícios agregados e crescimento econômico

Uma economia em crescimento é aquela em que tanto o estoque de capital quanto o produto aumentam (seja por meio do progresso tecnológico, do aumento do capital humano ou da presença de retornos crescentes seja, ainda, em termos *per capita*). Portanto, o progresso econômico só é possível com base na expansão da quantidade de bens de capital existentes por meio de métodos de poupança e aperfeiçoamento de produção, o que, na grande maioria dos casos, requer a acumulação prévia de novo capital.

É neste contexto de crescimento econômico que parece haver um excesso na soma de todos os lucros obtidos em toda a economia em comparação com a soma de todas as perdas incorridas. Esse efeito de aumento da poupança é o que permite que bens de capital sejam adicionados ao estoque anteriormente disponível. Por sua vez, o aumento do capital disponível cria desalinhamentos na medida em que produz uma discrepância entre o estado atual da produção e aquele que torna possível o capital adicional. Graças ao surgimento de capitais adicionais, alguns projetos que, até então, não podiam ser executados se tornam viáveis.

Assim, ao direcionar os novos capitais àqueles canais onde os desejos insatisfeitos mais urgentes dos consumidores são satisfeitos, os empresários obtêm lucros que não são compensados pelos prejuízos de outros empreendedores. O enriquecimento gerado pelo capital adicional vai apenas em parte para aqueles que o criaram poupando. O resto vai aumentando a produtividade marginal do trabalho e, portanto, os níveis salariais para os assalariados, e aumentando os preços de algumas matérias-primas e alimentos para os proprietários de terras, bem como, finalmente, para os empresários que integram esse novo capital em um processo de produção mais barato.

Todavia, enquanto o aumento dos ganhos dos assalariados e dos proprietários de terras é permanente, os lucros dos empresários desaparecem quando essa integração se completa.

4. Condenação do lucro e confisco

Ao contrário de uma economia em crescimento, uma economia em declínio é caracterizada por uma situação em que tanto o estoque de capital quanto o produto diminuem em quantidades *per capita*. Portanto, em tal economia, o montante total de perdas incorridas pelos empresários excede o montante total dos lucros obtidos por outros empresários.

Assim, com base nisso, a condenação do lucro gera prejuízos tanto no presente quanto no futuro. No que diz respeito aos danos atuais, a ideia de abolir o lucro em favor dos consumidores implica que o empresário deva ser forçado a vender produtos a preços que não excedam os custos de produção incorridos. Uma vez que esses preços são, para todos os artigos cuja venda teria gerado lucro, inferiores ao preço potencial de mercado, a oferta disponível não é suficiente para permitir que todos aqueles que pretendam adquirir esses artigos a esses preços adquiram esses artigos.

O mercado está paralisado pela fixação de limites de preços, que não permite que os recursos sejam realocados de acordo com a nova demanda do consumidor (de modo que, quando isso acontece, geralmente é adotado um sistema de racionamento de quantidades), enquanto em setores em que a demanda caiuo, o resultado é a falência. Por outro lado, a busca do lucro significaria que, enquanto os lucros iriam para os trabalhadores e consumidores, a incidência de perdas recairia sobre os empregadores, de modo que os lucros agregados se tornariam negativos e a economia entraria em um caminho decadente.

Nesse contexto, não haveria mais capital disponível para a criação de novos setores produtivos ou para a realocação de capital de setores que deveriam estar em declínio para novos setores que deveriam estar em expansão. Portanto, denegar o mecanismo de acumulação de capital é penalizar a produtividade dos trabalhadores com a consequente queda dos salários reais.

Note-se também que, se esse ataque aos lucros for extremamente insistente, poderá levar ao consumo de parte do capital existente, o que, diante da rigidez do mercado de trabalho, levaria ao desemprego e/ou à presença de crises monetárias que resultariam em uma liquefação do salário real de modo a conter a taxa de desemprego.

5. Socialismo e pobreza

As políticas de muitos dos governos que não adotaram abertamente o socialismo real aplicaram diferentes tipos de medidas que cortam os direitos de propriedade de tal forma que os políticos podem se apropriar dos benefícios do trabalho de outras pessoas. Assim, os lucros são confiscados por várias medidas de controle de preços de acordo com um suposto benefício para os consumidores.

Os governos apoiam os sindicatos nos seus esforços para se apropriarem de uma parte dos lucros dos empregadores com base no princípio da capacidade de pagamento na determinação dos salários.

Finalmente, eles buscam confiscar, por meio de impostos progressivos sobre a renda, impostos corporativos especiais e impostos sobre "lucros excessivos", uma parcela crescente dos lucros para financiar os delírios messiânicos da sociedade política parasitária. Consequentemente, pode-se dizer claramente que, se estas políticas persistirem, em breve conseguirão abolir, completamente, o lucro das empresas e, assim, perturbar a coordenação da economia.

O efeito final de tudo isso seria, portanto, a realização completa do socialismo, que não apenas assustaria os empresários, mas também destruiria o sistema capitalista, uma vez que não seria capaz de sobreviver à abolição do lucro. É o lucro que obriga os capitalistas a usar o seu capital para prestar o melhor serviço possível aos consumidores. Portanto, se os políticos alcançarem seu objetivo de abolir/apropriar-se, totalmente, do lucro, a economia entrará em caos e tudo o que conseguirão será multiplicar a pobreza.

SÓ SE ALCANÇA
UM MUNDO SEM FRONTEIRAS
QUANDO SE ABANDONA O ASSISTENCIALISMO ESTATAL

No domingo passado, durante o programa vespertino *Debo Decir*, de Luis Novaresio, houve uma discussão acalorada sobre imigração e o uso de bens que o Estado disponibiliza "gratuitamente" (o que é uma falácia brutal, porque nada é gratuito e alguém tem que pagar) para estrangeiros.

É claro que, de um lado, havia os "progressistas" (aqueles que têm semeado miséria nos lugares onde aplicam as suas ideias) que defendiam o uso ilimitado dos bens em questão; do lado oposto, havia os que se queixavam do pagamento de impostos elevados e dos bens de má qualidade que o Estado "fornece" e que os levavam a procurar bens alternativos no setor privado (pagando duas vezes pelo mesmo bem).

Em princípio, o debate pareceu bastante desagradável, pois, considerando que apenas 2,38% da população argentina é descendente de povos indígenas, isso implica que o país foi povoado com a chegada de imigrantes. Além disso, o próprio preâmbulo da Constituição nacional é um convite a fazer parte do país ("para nós e para todos os homens do mundo que querem viver em solo argentino"), por isso a denúncia vai contra a nossa própria Carta Magna. Ou seja, reclamar parece tremendamente ingrato e contra a lei.

No entanto, o que nenhum dos debatedores percebeu é que o problema subjacente era a existência do Estado de bem-estar social. Essa situação já foi enfrentada no passado pelo próprio Milton Friedman, pertencente a uma família polonesa que se estabeleceu nos Estados Unidos em busca de novos horizontes. Nesse sentido, Friedman, liberal e filho de imigrantes, frisou que a imigração deve ser livre se não houver Estado de bem-estar social e que, vice-versa, abre-se a possibilidade de aparecerem *free riders* estrangeiros que utilizam os bens fornecidos pelo Estado sem pagar impostos, enquanto a conta é paga por cidadãos argentinos (além do congestionamento no uso que deteriora a qualidade dos bens em questão).

Por conseguinte, se queremos abrir as fronteiras, devemos acabar com o Estado de bem-estar social ou, se queremos manter o Estado de bem-estar social, devemos fechar as fronteiras. Obviamente, quando a Constituição de 1853/60[63] foi redigida, não havia Estado de bem-estar social, a fronteira estava aberta e, em 1895, éramos o país com o maior PIB *per capita* do mundo. Então, no final da década de 1920, o país mudou seu destino, estabeleceu o Estado de bem-estar social e embarcou no trem da justiça social cujo destino final é a barbárie.

Infelizmente, não somente a discussão sobre o papel nefasto do Estado de bem-estar social se atolou em um pântano profundo como um dos defensores da posição "progressista" a completou com uma frase típica do *bondadismo* socialista que está na raiz do afundamento do país na miséria. Em particular, em um trecho do debate, o cientista político (radical: K, de esquerda e alfonsinista[64]) Leandro Santoro,[65] diante da carga fiscal que sustenta o Estado de bem-estar social, apontou:

> *Quero ver o que você faz com uma menina boliviana que tem câncer e chega na porta do Hospital Infantil Garrahan. O que é que está a fazer? Você vai deixá-la morrer? As contas públicas são um programa de Excel para você? Por trás dessas decisões estão pessoas reais. Moro a poucos quarteirões de Garrahan. Sempre que você vê uma família desesperada porque tem que fazer um transplante, porque tem uma doença difícil, você tem que ser filho da puta para dizer "O quê! Vamos buscar o equilíbrio fiscal" e não nos preocuparmos com as pessoas de carne e osso.*

---

63. A Constituição argentina foi sancionada, através de uma Convenção Constituinte, no dia 1º de maio de 1853, em Santa Fé, por Justo José de Urquiza, então diretor provisório da Confederação Argentina, contendo um preâmbulo e 107 artigos que se dividem entre os direitos dos cidadãos (31 artigos) e a organização do governo (76 artigos). Em 1860, com a vitória militar de Buenos Aires, liderada por Bartolomé Mitre, sobre a Confederação na Batalha de Pavón, a Constituição foi reformada e, assim, formou-se a República Argentina (o estado de Buenos Aires manteve-se separado das Confederação até então), razão pela qual se costuma datar a Lei Maior como de 1853/60. (N.T.)

64. Em referência a Raúl Ricardo Alfonsín, que presidiu a Argentina entre dezembro de 1983 a julho de 1989, quando deixou o cargo em razão do desastre econômico de seu governo de matriz socialista. (N.T.)

65. Deputado nacional desde 2021, o politólogo Leandro Jorge Santoro iniciou sua militância política peronista na Unión Cívica Radical, cujo líder foi o ex-presidente Raúl Alfonsín, tendo presidido a Juventud Radical. Em 2015, ocupou a pasta de subsecretário para Reforma Institucional e Fortalecimento da Democracia do governo de Cristina Kirchner. (N.T.)

Em primeiro lugar, a primeira coisa que pode ser apontada diante de um argumento tão simplista, mole e demagógico é que Santoro coloca um falso dilema como princípio. Um estudo recente do BID mostrou que a Argentina tem uma ineficiência técnica nas despesas públicas de 7,2% do PIB quando a média da região é de 4,4%, enquanto, eufemisticamente, segundo os dados oficiais, seria de cerca de 5% do PIB. Portanto, você não apenas pode cuidar da menina do exemplo acima, mas também pode reduzir, drasticamente, o déficit fiscal. No entanto, os criminosos políticos que usam os pobres para proteger os seus privilégios de casta perderão, então você deveria perguntar ao Santoro se ele é a favor de permitir tal golpe político nas despesas públicas.

Em segundo lugar, dado que o argumento acima é mais do que suficiente para qualificar Santoro como alguém que acabou de ser nocauteado por um gancho de Mike Tyson, seria intelectualmente desonesto não abordar o problema, mesmo que os gastos do governo fossem eficientes e os políticos não estivessem roubando. Nesse sentido, a frase de Thomas Sowell é esclarecedora:

> *A primeira lição em economia é que não há tudo para todos, enquanto a primeira lição em política é ignorar a primeira lição em economia.*

Em outras palavras, a frase do cientista político ignora as restrições orçamentárias e o fato de que os gastos devem ser financiados de alguma forma.

À luz disso, suponhamos que o aumento das despesas públicas seja financiado pela emissão de dinheiro. Assim, ao aumentar a oferta monetária sem contrapartida à demanda, o poder de compra da moeda diminuirá, fazendo com que todos os bens expressos em unidades monetárias (preços monetários) aumentem, isto é, resultando em inflação, que não é apenas uma fraude, mas também um imposto extralegal. Ao mesmo tempo, esse dinheiro gera uma redistribuição de renda que favorece os políticos que recebem o dinheiro primeiro e prejudica os trabalhadores, que são os que recebem por último. Além disso, essa redistribuição de renda que afeta a poupança realoca a produção presente e futura, gerando uma estrutura produtiva desequilibrada que acabará provocando uma crise. De fato, foi o que a Argentina fez em 108 dos últimos 118 anos, e, assim, do país mais rico do mundo, acabamos no 65º lugar e estamos em queda livre. Ademais, a paixão de Santoro por gastar violando as restrições orçamentárias pode estar ligada à sua admiração por Raúl Alfonsín, que fugiu do seu governo em meio à hiperinflação.

Outro modo de financiar a despesa pública seria endividar-se. Inútil dizer que o país vem usando e abusando dessa fonte, pois um país não se torna o maior inadimplente em série da história recente sem, antes, assumir a dívida, que é consequência do déficit fiscal. Mesmo assim, vale a pena ressaltar o aspecto imoral da dívida, pois significa que, enquanto a geração atual "goza" da despesa pública, a conta será paga pelas gerações futuras com a expropriação do fruto dos seus trabalhos. A imagem seria a de um pai que, para beber com amigos na noitada, afana o dinheiro dos amiguinhos enquanto brincam com seu filho. Imagine a crueldade de roubar o fruto do trabalho (através de impostos) de seres humanos que ainda não votaram e/ou ainda nem nasceram.

Enfim, exauridas as duas opções anteriores e cruéis, é chegada a cobrança de tributos. Assim, antes de tudo, deve ficar claro que, para satisfazer as preferências de Santoro, que tanto sofre ao passar pelo Garrahan, o fruto do trabalho de outra pessoa deve ser expropriado pela força (furto, também chamado de imposto). Em linha com seu exemplo sentimentalista, poderíamos dizer que há um casal que, com muito esforço, conseguiu gerar renda suficiente para financiar o tratamento do câncer de sua filha em uma clínica particular com um longo histórico de excelentes resultados. Todavia, defensores da justiça social acreditam que é injusto que esse casal gere tanta renda e tiram deles, por meio de impostos, aquilo que poderia servir para a outra menina ser curada.

Em suma, Santoro decidiu que a primeira menina viverá e a segunda morrerá, apesar dos esforços de seus pais. O pior de tudo não é a situação aberrante na qual uma família é assaltada e a filha é condenada à morte, mas, levando em conta as mãos porosas dos políticos, o dinheiro que chegará para o tratamento da primeira das meninas não será suficiente, de modo que, com a lógica de Santoro, agora, o roubo não é seguido de uma morte, mas de duas. Obviamente, os progressistas dirão que esse é um caso extremo e que a ideia é se livrar de quem tem mais.

Mas, agora, a questão é: um político deve obrigar os outros a pagar as contas resultantes das suas preferências pessoais? Será que ele acha que os bens que prefere são moralmente superiores àqueles que outra pessoa escolhe livremente? A diferença de valores morais dá ao político o direito de roubar o fruto do trabalho alheio? Há pessoas que têm mais direitos do que outras? E, ao final, se Santoro tem tanta pena da menina boliviana, nada o impede de dar à família o dinheiro para o tratamento. Como Murray Newton Rothbard apontou, é incrível o nível de caridade que os seres humanos podem mostrar quando a conta é paga por outra pessoa.

Em resumo, como sempre acontece com os progressistas e as suas boas intenções, os resultados são o oposto do que eles esperam. Assim, nobres intenções de salvar vidas de crianças acabam condenando mais crianças à morte, planos para erradicar a pobreza geram mais pobreza, planos de proteção ao emprego geram mais desemprego, e, no controle de preços, planos de combate à inflação não apenas geram mais inflação e escassez, mas também levam ao uso de poderes extralegais sobre os cidadãos. Portanto, se a real intenção é que a Argentina saia do inferno decadente no qual se encontra faz noventa anos, é preciso apagar a primeira lição de política e voltar à ordem liberal que, em um período de 35 anos, nos fez deixar a barbárie para ser o país mais rico do mundo.

O ÚNICO RESULTADO DO IMPOSTO PROGRESSIVO É
A POBREZA DO BERÇO AO TÚMULO

Em um sistema capitalista de organização econômica da sociedade, os empresários determinam o nível de produção orientados pelas preferências dos indivíduos. No exercício dessa função, estão sujeitos à soberania dos consumidores, em que a materialização dos lucros e das perdas é o mecanismo através do qual os recursos são canalizados para o máximo bem-estar.

Se o estado futuro do mercado pudesse ser corretamente antecipado, os empresários não teriam nem lucro nem prejuízo. Eles teriam que comprar os insumos a preços que, no momento da compra, já refletiriam, totalmente, os preços futuros dos produtos. Em um quadro como esse, os lucros nunca são normais, mas só aparecem quando há uma discrepância entre a produção efetiva e a produção que deveria existir, de modo a utilizar os recursos de forma a melhor satisfazer os desejos do público. Em suma, os lucros são a recompensa recebida por aqueles que põem fim ao desalinhamento mencionado acima e desaparecem assim que o descompasso deixa de existir. É claro que quanto maior o desalinhamento anterior, maior o ganho com essa remoção.

Os lucros decorrem do fato de que o empreendedor, que julga os preços futuros dos produtos mais corretamente do que os seus colegas, compra alguns ou todos os fatores de produção a preços que, do ponto de vista da situação futura do mercado, são baixos. Nesse sentido, o custo total de produção (incluindo os juros sobre o capital investido) fica abaixo da entrada que o empreendedor recebe, o que constitui o lucro empresarial. De outra forma, quando estima erroneamente os preços futuros de seus produtos, o empreendedor adota preços para os fatores de produção que, do ponto de vista da situação futura do mercado, são muito altos. Portanto, seus custos totais de produção superam as receitas de vendas, e essa diferença constitui a perda do negócio. Logo, os lucros e as perdas são gerados pelo sucesso ou fracasso em ajustar a direção da produção às necessidades mais urgentes dos consumidores, e, associada a essa função, uma das principais funções dos lucros é a de transferir o controle do capital para aqueles que sabem usá-lo da melhor maneira possível para atender às necessidades do público.

Nesse contexto, as empresas que obtêm lucros crescem, enquanto as que registram prejuízos se contraem. Por sua vez, se os lucros resultam de um aumento da poupança, o seu total excede as perdas globais e, com isso, a economia cresce, ao passo que, se o processo resulta de um aumento do consumo, a quantidade de perdas excederá os lucros e, consequentemente, o capital e a economia se contraem. Naturalmente, quando esse processo é concluído, tanto os lucros quanto as perdas desaparecem e a economia permanece em um estado estacionário (estoque de capital constante *per capita*) e os preços dos fatores atingem um nível em que os custos totais de produção coincidem com as rendas.

Ao contrário, quando aparece a monotemática serenata progressista lamentando a distribuição "desigual" de renda pela presença de "lucros excessivos", tentando, assim, punir o sucesso com impostos progressivos (e discriminatórios), termina-se por prejudicar os mais vulneráveis. Um imposto progressivo é, portanto, um privilégio para os relativamente mais ricos, pois impede a ascensão na pirâmide de riqueza e produz um sistema de imobilidade e rigidez social. Ao mesmo tempo, esses impostos, ao afetarem negativamente o processo de acumulação de capital sobre os trabalhadores marginais, não somente fazem com que o imposto progressivo tenda a ser regressivo, mas também reduzem o bem-estar seja por meio de uma renda menor, seja por uma piora da distribuição de renda.

Em resumo, como sempre acontece, a intervenção estatal na economia significa que os resultados obtidos são o oposto dos almejados. Nesse caso, a procura de maior igualdade por meio de um processo de mobilidade social ascendente, buscado por meio do confisco e da redução dos lucros, acaba levando a uma maior desigualdade com a perpetuação do *statu quo*: em suma, um sistema tributário progressivo "perfeito" não apenas implica a consagração da inveja, mas faz com que os nascidos pobres morram pobres.

CONTROLE DE PREÇOS E INFLAÇÃO:
O CONFISCO QUE NÃO OUSA DIZER SEU NOME

Para manter a tradição expropriatória da política econômica argentina, foram propostos o congelamento de preços e a "Lei da Gôndola" para reduzir a inflação, o que não só implica uma agressão aos direitos de propriedade, mas também ignora as teorias econômicas mais básicas, virando as costas às evidências empíricas tanto local quanto internacionalmente.

Breve história sobre o controle dos preços

Muitos políticos, funcionários públicos e um exército de economistas heterodoxos, apesar das evidências empíricas negativas, argumentam que o controle de preços é uma medida eficaz para controlar a inflação.

Todavia, a partir da Quinta Dinastia do Egito (2830 a.C.) aos sumérios, à Babilônia com o Código de Hamurabi, à Grécia antiga e na Roma Imperial através do famigerado Édito de Diocleciano, os governantes reagiram, repetidamente, aos aumentos de preços da mesma maneira: repreenderam os "especuladores", pediram aos indivíduos comuns que mostrassem um senso de responsabilidade social e recorreram a leis ou outros expedientes na tentativa de fixar preços e salários para evitar que os preços continuassem a subir.

Contudo, como documenta o livro de Schuettinger-Butler, *4.000 anos de controle de preços e salários*, os fatos mostram uma sequência uniforme de repetidos fracassos. Além disso, o livro mostra que não há um único caso histórico no qual o controle de preços tenha freado a inflação e/ou evitado a escassez de produtos.

Mercado, propriedade, liberdade e preços

O mercado é um processo de cooperação social impulsionado pela ação de um grande número de indivíduos que, buscando satisfazer as suas próprias demandas, efetuam trocas voluntárias que não somente levam à divisão do trabalho, mas também promovem o crescimento através do aumento da produtividade.

Ao mesmo tempo, duas das instituições nas quais a economia de mercado se baseia são a existência da propriedade privada e o livre mercado. Nesse sentido, quando os direitos de propriedade são protegidos, significa que os frutos de seus esforços podem ser preservados e aproveitados em paz. De fato, essa segurança é o principal incentivo para o trabalho em si. Se alguém pudesse se apropriar do fruto do esforço alheio, não haveria incentivo para produzir. Toda a produção é baseada no reconhecimento dos direitos de propriedade. Assim, o sistema de livre-iniciativa é impossível se não houver segurança para a propriedade e para a vida. Por outro lado, livre mercado significa: liberdade para todos de disporem da própria propriedade, de trocá-la por outras propriedades ou por dinheiro, ou usá-las para continuar produzindo nesses termos, em quaisquer condições consideradas aceitáveis. A propriedade privada e o livre mercado são, portanto, instituições inseparáveis.

Diante do exposto, quando ocorre uma troca em que uma das partes entrega voluntariamente um bem em troca de outros bens ou dinheiro, é gerado um registro histórico chamado preço. Por sua vez, esse preço torna-se um sinal que leva à coordenação dos indivíduos como compradores e vendedores. É claro que, quando o desejo de comprar excede o desejo de vender, o preço aumentará e vice-versa.

Portanto, o controle de preços e a regulação da forma como uma atividade é realizada constituem um ato de intervenção violenta da parte do Estado, que causa danos tanto diretos quanto indiretos. No âmbito dos danos diretos, o controle de preços é uma redução violenta da renda que ataca a propriedade privada dos vendedores, já que, agora, os vendedores não poderão vender pelo preço que conseguiriam na ausência dos controles. Desse modo, os preços são degradados em sua capacidade de transmitir informações. Ao mesmo tempo, isso é ainda mais agravado quando o uso dos bens de capital é limitado, pois a restrição da liberdade simultânea à manipulação violenta do preço gera uma distorção do sistema de preços que leva à descoordenação dos indivíduos que operam no mercado, enquanto os ajustes ocorrem na direção oposta à desejada.

Verifica-se, assim, que muitas operações potenciais são perdidas (danos diretos), de modo a produzir, contemporaneamente, danos indiretos como resultado de operações que falharam devido à intervenção violenta do Estado. Portanto, não é de surpreender que, todas as vezes em que esse tipo de medida foi aplicada, ela tenha levado à escassez, à corrupção e à repressão violenta do Estado.

A inflação como fenômeno monetário

O problema econômico central da moeda é o seu valor de troca objetivo. Nesse sentido, se o valor de troca objetivo de um bem é o seu poder de adquirir uma certa quantidade de outros bens em troca, o seu preço é dado por essa quantidade de outros bens. Portanto, o poder de compra da moeda é determinado pela possibilidade de se obter uma certa quantidade de bens econômicos em troca de uma certa quantidade de dinheiro.

Por sua vez, o dinheiro, como qualquer outra mercadoria, tem seu próprio mercado e o seu preço é dado pelo seu poder de compra. Assim, quando a quantidade de moeda fornecida e/ou a sua demanda aumentam e/ou diminuem, o poder de compra da unidade monetária é reduzido, e, logo, a quantidade de bens que podem ser obtidos por unidade dessa moeda também é reduzida. Daí a célebre frase de Milton Friedman:

> *A inflação é, sempre e em toda parte, um fenômeno monetário que somente se conteve quando a quantidade de moeda não pôde crescer muito rapidamente; e esse remédio foi eficaz independentemente do fato de outros tipos de medidas terem sido adotados ou não.*

É por isso que as análises que se concentram no nível de preços (mercados concentrados e/ou cadeia de valor) são ridículas, porque não apenas confundem o nível dos preços com sua variação, mas também se concentram no mercado errado.

Finalmente, além dos seus efeitos diretos e indiretos sobre a economia como um todo, a imposição de preços máximos ameaça o consenso sobre os valores compartilhados pela comunidade, o que constitui a base moral de uma sociedade livre. É o que acontece quando, em nome da responsabilidade social, o público é instado a submeter-se a esses controles; quem se submete a eles acaba prejudicando a si mesmo e à comunidade.

Ademais, essa conduta moralmente discutível que viola o controle de preços é vantajosa, seja do ponto de vista individual seja do social. Nesse sentido, tais medidas incutem na opinião pública uma falta de respeito pela lei e fazem com que os funcionários se sintam propensos a utilizar poderes extralegais, colocando à dura prova os fundamentos da própria liberdade.

Portanto, se estamos interessados em reduzir a inflação, devemos começar a observar o que está acontecendo no mercado monetário e não no mercado de bens. Enquanto isso não acontecer, não venceremos a inflação.

CORRUPÇÃO É UM PRODUTO DA
ESTUPIDEZ ESTATAL

Em essência, um crime de corrupção consiste em uma prática na qual um indivíduo usa as suas funções institucionais e os seus meios para obter, com relação aos objetivos do órgão ao qual pertence, alguma vantagem econômica ou de outro tipo em seu favor.

Além disso, mesmo que tal comportamento pareça comum ao setor privado, tal similaridade carece de sentido, uma vez que os donos das empresas são os principais sujeitos interessados em que esse tipo de ação não se manifeste, e se, por algum motivo, acontecesse, seria prejudicial aos seus lucros. Em outras palavras, há incentivos compatíveis para que uma empresa que atua em concorrência e em livre mercado busque um ambiente de máxima transparência. No entanto, quando o Estado entra em cena e inicia a intervenção econômica, a corrupção aparece.

Não há intervenção estatal no processo de mercado que, do ponto de vista dos sujeitos interessados, não possa ser qualificada como ação violenta – violência que pode ser de três tipos:

- **autista**, ou seja, o caso no qual o Estado decide aniquilar um grupo de indivíduos por um modo diferente de pensar;
- **binária**, isto é, através de impostos e despesas públicas;
- **triangular**, que se dá com controles de preço e sobre a produção.

Assim, nestes moldes, o Estado faz com que certos grupos ou indivíduos se beneficiem às custas do resto da sociedade. Ao mesmo tempo, nenhuma regulamentação garante que as tremendas faculdades que o intervencionismo coloca nas mãos do poder serão exercidas de forma justa e equitativa. Os intervencionistas sustentam que a ação do soberano é sempre sábia e justa, e a dos seus servos burocratas, não menos angelicais, evitará consequências tanto do ponto de vista social quanto no que diz respeito à propriedade individual e à ação corporativa.

O homem comum, para os ideólogos é débil e precisa da tutela paterna para protegê-lo das artimanhas montadas por uma quadrilha de canalhas. Assim, os atos dos administradores públicos são sempre autorizados por uma justiça *sui generis*, que é invocada para justificar qualquer tipo de sanção àqueles que, como entendem os estatistas, se apropriaram, egoisticamente, do que pertencia a outros.

Infelizmente, porém, a condição dos funcionários e dos burocratas dos quais o homem comum depende não é benevolente e, logo, as suas decisões, em regime intervencionista, causam sérios prejuízos e, às vezes, também grandes lucros para alguns empresários. Por sua vez, mesmo que haja funcionários públicos honestos e honrados, há também aqueles que não hesitam, se a ação pode ser feita de forma discreta e arbitrária, em se associar aos benefícios que as suas intervenções geram. Logo, o intervencionismo estatal sempre gera corrupção, que aumenta com o tamanho do setor público, em que a ideia malévola do Estado onipresente acaba sendo a figura preferida de funcionários arrogantes e/ou corruptos.

Ademais, além das considerações nocivas sobre a corrupção moral, há, pelo menos, três efeitos negativos sobre o funcionamento do sistema econômico:

- **em primeiro lugar**, os indivíduos coagidos descobrem que é mais fácil alcançar os seus objetivos tentando "seduzir" o órgão de supervisão do que aplicando a sua engenhosidade na satisfação do consumidor;
- **em segundo lugar**, os empresários que não conseguiram se acomodar com o poder deverão dedicar parte dos seus esforços para evitar o dano que pode ser causado pelos intervencionistas, os quais decidem conceder privilégios, vantagens ou entregar bens aos controladores;
- **por fim**, do ponto de vista dos agentes do processo de mercado submetidos à coerção sistemática, estes são obrigados a exercer a sua função empreendedora (engenhosidade) de forma perversa, tendo como objetivo principal – dados os benefícios que gerar – o poder e não o empreendimento.

Tudo isso resulta em um grande desperdício de recursos, que, além de ferir as liberdades individuais e a dignidade do ser humano, também destrói a produção e o bem-estar.

Em síntese, a política representa um conflito de interesses mascarado de luta de princípios, na qual o estatismo e o intervencionismo operam em favor dos benefícios daqueles que detêm o poder, ainda que usem a máscara de que objetivam o bem comum.

UBER:
LUDISMO E VIOLÊNCIA DE ESTADO

A chegada do Uber na Argentina e a consequente resposta (além de ser uma nova edição do erro ludista[66] sobre o ódio às máquinas e à tecnologia), tanto dos taxistas quanto do sindicato e do governo da Cidade Autônoma de Buenos Aires, confirmam uma das mais brilhantes reflexões de Albert J. Nock,[67] como explicado em seu livro *Nosso inimigo, o Estado*, no qual afirma:

> *É útil dar-se conta do fato público e notório de que o Estado se move, muito lentamente, em direção a qualquer objetivo que resulte em vantagem para a sociedade, ao mesmo tempo que se move, rápida e prontamente, em direção àqueles objetivos. Que são vantajosos para si próprio; e que não se mobiliza por escopos sociais por iniciativa própria, mas sob pressão, enquanto a sua mobilização para escopos antissociais nasce automaticamente.*

Naturalmente, entender esse nefasto conjunto de associações entre os que governam a cidade, os taxistas e o seu sindicato, os usuários dos serviços de transporte público e a própria sociedade é uma combinação que desvela conceitos que, somados, evidenciam o caráter violento do Estado em detrimento do bem-estar

---

66. Predicado derivado de "ludismo", movimento popular inglês surgido entre o final do século XVIII e os anos iniciais do século XIX que se dedicava à destruição de máquinas como protesto à tecnologia que resultava em perda de empregos. Ainda hoje, o termo "ludista" é empregado para se referir aos que, como aqueles de duzentos anos atrás, se opõem a qualquer tipo de progresso tecnológico por considerá-lo nocivo à classe operária, seja porque substitui o capital humano, seja porque elimina uma reserva de mercado existente. Ludista, em suma, é aquele que luta contra o livre mercado. (N.T.)

67. Albert Jay Nock (1870-1945) foi um escritor libertário estadunidense, tendo sido, aliás, um dos primeiros americanos a se identificar como "libertário". Oponente do *New Deal*, inspirou movimentos libertários e conservadores. Seu livro mais conhecido, *Our Enemy, the State* (em português, *Nosso inimigo, o Estado*), foi publicado em 1935 e é considerado uma das bases tanto do libertarianismo quanto do conservadorismo modernos. A obra inspirou autores como Murray Rothbard e Ayn Rand. (N.T.)

dos indivíduos. Com base em tudo isso, desenvolveremos os seguintes pontos: (*i*) intervenção violenta do Estado; (*ii*) natureza dos monopólios (ou cartéis) e o seu impacto no bem-estar; (*iii*) mecanismos de intervenção implícitos no ataque contra o Uber e os cidadãos; e, em conclusão, os danos emergentes à sociedade derivados da associação entre taxistas, sindicato e a cidade de Buenos Aires.

Intervenção violenta do Estado

A intervenção consiste no uso da força física, agressiva, dentro da sociedade, de modo que as ações voluntárias são substituídas pela coerção. Por sua vez, não faz diferença se a referida aplicação da força é individual ou em grupo, desde que a natureza econômica e as consequências da ação sejam as mesmas.

No mundo real, são os Estados que efetuam o maior número de intervenções, porque, na sociedade, o Estado é a única organização legalmente autorizada a usar da violência e o único sujeito que obtém, legalmente, a sua receita a partir de uma imposição de natureza compulsória.

Todavia, podemos classificar as intervenções em três grandes categorias.

Em primeiro lugar, temos a *intervenção autista*, na qual o agressor (o Estado) exerce coerção (ordena que um indivíduo faça ou deixe de fazer certas coisas, limitando o uso dos seus próprios bens) sobre um sujeito sem receber nenhum bem ou serviço em troca.

Em segundo lugar, há a *intervenção binária*, na qual o Estado pode realizar, compulsivamente, uma troca entre outro indivíduo e ele próprio (por exemplo, através do pagamento impostos) ou constranger um outro a o adular.

Por fim, há a *intervenção triangular*, na qual se cria uma relação hegemônica entre o invasor (o Estado) e dois sujeitos que buscam realizar uma troca real ou potencial.

Dentro desse leque de intervenções, constam os controles sobre os preços e sobre a quantidade de produtos, sendo que estes últimos incluem uma série de restrições envolvendo a concessão de privilégios de monopólio, tais como: cartéis obrigatórios, licenças, padrões de qualidade e segurança, tarifas, sanções às estruturas de mercado, leis de salário mínimo e sindicalização compulsória, concessões e serviços públicos, políticas de controle ao monopólio natural (antitruste), somente para citar algumas das intervenções que o Estado adota geralmente.

Nesse sentido, ao explorar os efeitos do intervencionismo, devemos levar em conta não apenas as consequências diretas, mas também os efeitos indiretos. Em primeiro lugar, a intervenção terá consequências diretas e imediatas nos benefícios daqueles que participam.

Assim, quando a sociedade é livre e não há intervenção, cada ator procederá de tal forma para que seu benefício seja máximo. Dessa maneira, a intervenção coercitiva leva à perda do benefício, pois os agentes são instados a fazer, à força, o que não teriam feito voluntariamente, razão pela qual, devido ao intervencionismo estatal, os benefícios são diminuídos de modo constante e progressivo.

Por outro lado, como alteram o comportamento do sujeito que atua no mercado, essas intervenções afetam, assim, o seu padrão de tomada de decisão, que se estende sobre o resto dos mercados, o que dá origem a efeitos indiretos (por exemplo, um controle de preços não apenas gera excesso de demanda no mercado de bens, mas também causa um excesso de oferta no mercado monetário, que, por sua vez, gera o problema do excedente monetário, que, posteriormente, produz fenômenos inflacionários).

Natureza dos monopólio (ou cartéis) e o seu impacto no bem-estar

Embora existam diferentes definições de monopólio, do ponto de vista de uma sociedade livre, a única definição satisfatória é aquela expressa por Lord Coke,[68] para quem:

> *O monopólio é a instituição ou a concessão pelo rei através de doação, concessão ou de outro modo [...] a qualquer pessoa ou pessoas, ente político ou societário, para a venda, compra, fabricação, processamento ou uso exclusivo de algo, por meio do qual uma ou mais pessoas, entidades políticas ou corporativas, são restringidas em termos das liberdades que tinham anteriormente, ou impedidas de negociar legitimamente.*

---

68. Sir Edward Coke (1552-1634) foi um advogado, juiz e político inglês, frequentemente considerado o maior jurista das eras elisabetana e jacobina. Suas declarações e obras foram utilizadas para justificar o direito ao silêncio. O seu *Estatuto dos monopólios* é considerado uma das primeiras ações no conflito entre o Parlamento e o monarca que levou à Guerra Civil inglesa. (N.T.)

Para aprofundar o significado dessa definição, vamos supor que estejamos diante de dois mercados que se caracterizam pela existência de um único produtor, e que a única diferença entre eles é que, em um, o ingresso é liberado, enquanto, no outro, essa liberdade é proibida pela intervenção do Estado. No segundo caso, a restrição imposta pelo Estado impede que outros produtores ofereçam um produto mais barato e melhorem a sua qualidade. Por esse motivo, esse monopólio garantirá uma renda derivada de um privilégio, sendo legítimo argumentar que há exploração do consumidor, porquanto são pagos preços mais altos (como resultado do ajuste de quantidades) por uma qualidade inferior do produto. Da outra parte, quando existe livre acesso ao mercado, mas existe apenas um produtor, em um dado momento, essa posição específica será, necessariamente, o resultado dos méritos particulares desse produtor e da sua capacidade de satisfazer, eficazmente, as necessidades dos consumidores (o mercado).

De fato, nesse contexto, todo inovador é, necessariamente, um produtor singular, e, se ele for bem-sucedido em sua tarefa, os maiores benefícios atrairão novos concorrentes, que tentarão imitar ou melhorar o seu produto e, assim, reduzir o preço e os lucros.

Portanto, a pergunta a ser feita é: essa posição monopolista resulta do uso da força ou do livre-arbítrio dos consumidores? Ou, ainda: o produtor único protege essa situação impedindo, com o uso da força (estatal), aquilo que deve ser, certamente, chamado de concorrência de potenciais produtores, ou ele próprio está potencialmente ameaçado e deve sua posição apenas aos seus esforços e à qualidade da produção aos olhos dos seus clientes?

Mecanismos de intervenção implícitos no ataque contra o Uber e os cidadãos

Diante desse quadro analítico, são plenamente evidentes os danos causados pelo governo da Cidade Autônoma de Buenos Aires, pelos taxistas e pelos sindicatos a eles vinculados em detrimento dos demais cidadãos.

Por um lado, o serviço de táxi CABA representa um esquema legal de cartel, uma vez que obriga todos os prestadores de serviços a fazer parte de uma organização, na qual aos participantes são impostas restrições relacionadas à quantidade de horas de trânsito (basta ler o adesivo na frente dos táxis informando o tempo pelo qual eles são autorizados a circular). A isso deve ser somada a presença de um preço mínimo, que também é imposto pela prefeitura. Ao mesmo tempo, um táxi, para funcionar como tal, deve ser licenciado, o que, deliberadamente, limita a oferta de trabalho, impondo regras e requisitos diferentes para trabalhar nesse setor.

Assim, aqueles que cumprem as regras estabelecidas, unilateralmente, pelo Estado (entre elas, o pagamento da licença, que representa um enorme obstáculo para concorrentes com pouco capital) ficam impedidos de acesso, a ponto de o número de táxis, dentro da cidade, ser fixo e limitado, sem qualquer consideração pela demanda e as necessidades em diferentes horários do dia e em diferentes contextos (por exemplo, a chuva), o que leva a um serviço extremamente rígido, ineficiente e mal adaptado para responder às mudanças nos desejos dos consumidores.

Paralelamente a esse conjunto de restrições, como mecanismo de favorecimento dos permissionários, utilizando o argumento do prêmio do seguro de vida, também tem sido utilizado o argumento dos "padrões de qualidade e segurança", fazendo parecer que o governo "protege" os consumidores garantindo-lhes serviços de alta qualidade. Em sentido estrito, o termo "qualidade" é muito elástico e, ao final, são os consumidores que o estabelecem com as suas ações de livre mercado (além do fato de que a frota média de táxis é duas vezes mais antiga que a do Uber).

Naturalmente, as disposições violentas do governo da cidade de Buenos Aires (incluindo invasões nos escritórios da empresa Uber) representam, além dos danos causados àqueles que desejam utilizar o serviço, uma sanção a uma estrutura de mercado, à qual devem ser somados os atos violentos dos taxistas (em defesa do seu monopólio, ou privilégio, no sentido mais estrito conforme definido acima) sobre os prestadores de serviços da Uber.

Desprezo dizer que as normas em matéria de salário mínimo e sindicalização obrigatória, concessões e serviços públicos, além das alegadas políticas antimonopólio, representam um vasto leque de intervenções violentas do Estado em favor de um grupo (políticos, taxistas e sindicalistas) e contra as liberdades individuais daqueles que tentam prestar o serviço através da rede Uber, bem como contra potenciais usuários do serviço.

Comentário final

Friedrich von Hayek argumentou que a concorrência é um processo de descoberta, e, quando há concorrência, ou seja, liberdade para entrar e sair de um mercado, cada produtor é encorajado a produzir melhor do que os outros e a vender seus produtos a um preço mais barato ou de maneira mais satisfatória às demandas daqueles que os adquirem. Somente assim um produtor estará em condições de se manter no mercado, ganhar cota desse mercado ou evitar a falência.

A concorrência é, nesse sentido, um poderoso fator de inovação e progresso econômico, o que confirma, com precisão, o subdesenvolvimento das economias com alto grau de intervenção pública, nas quais a liberdade de iniciativa é limitada ou totalmente ausente.

Grosso modo, a concorrência e o livre mercado são elementos que não apenas maximizam o padrão de vida (benefício) dos indivíduos, mas também criam um círculo virtuoso de crescimento e bem-estar, de forma que a coalizão entre o governo da cidade de Buenos Aires, os titulares das licenças, os taxistas e os sindicatos, protegidos pelo aparato repressivo do Estado, se revela como um trabalho que vai contra os interesses não só da Uber e dos seus fornecedores, mas também contra os cidadãos bonaerenses.

Ao mesmo tempo, todo esse conjunto de ações realizadas pelo Estado representa uma nova edição do comportamento ludista, que se enquadra no que se chama de ódio à máquina, um péssimo sinal para quem quer investir em Buenos Aires usando uma tecnologia inovadora.

Portanto, e a título de reflexão final, como afirmou Herbert Spencer em seu livro *O indivíduo contra o Estado*:

> *Quando o poder estatal é aplicado aos fins sociais, a sua ação é sempre lenta, estúpida, extravagante, não adaptativa, corrupta e obstrutiva.*

Esperamos que o governo da cidade de Buenos Aires reconsidere o que foi feito contra a Uber, os seus fornecedores e, sobretudo, contra os cidadãos, porque, caso contrário, revelará um tipo de comportamento fascista, que não difere daquele realizado e levado adiante pelo kirchnerismo, exceto pelos modos e pela brutal irracionalidade deste último na gestão da coisa pública.

DAS LIÇÕES DE
ADAM SMITH

À luz dos fatos, tudo parece indicar que a Argentina caiu, mais uma vez, na armadilha do populismo, cujo sistema encontra respaldo teórico na "teoria geral" de John Maynard Keynes, que aponta para uma política fiscal baseada no desperdício, enquanto os teóricos da inflação estrutural forneceram um quadro elegante para sustentar os comportamentos mais absurdos da política monetária.

Em suma, esse casamento entre políticos irresponsáveis e economistas que se dedicaram a construir teorias para manter vivo o amor por Keynes fez com que a Argentina deixasse de ser um país rico para se tornar um país fronteiriço, que, sem mudanças substanciais nesse rumo, nos transformará em um país pobre. Logo, a minha conclusão é: voltemos às lições que Adam Smith nos deixou.

Nesse sentido, o pensamento do pai da Economia parte das seguintes premissas:

- a ideia por trás da metáfora da mão invisível é que a busca legítima do próprio interesse leva a um maior bem-estar geral;
- o crescimento econômico está atrelado à divisão do trabalho;
- promoção da livre concorrência;
- exaltação da poupança no processo de acumulação de capital;
- vinculação do crescimento econômico à inovação ou àquilo que também chamamos de progresso tecnológico;
- um governo que reduz ao mínimo a sua intervenção no funcionamento da economia e cuja principal função é administrar a justiça, garantir a segurança dos cidadãos e fiscalizar o respeito aos direitos de propriedade.

Alguns detalhes sobre tais assuntos merecem destaque.

A mão invisível e o bem-estar geral

Sustenta Adam Smith:

> Mas, mesmo que o homem tenha sempre a oportunidade de saudar os seus semelhantes, é inútil que ele dependa, unicamente, da benevolência dos outros e, portanto, certamente a obterá trazendo o amor-próprio dos outros ao seu favor, mostrando-lhes que é do seu próprio interesse que seja feito aquilo que deles necessita. Dá-me aquilo de que necessito e eu vos darei o que precisais. É isso o que está por trás de cada oferta... Não é da benevolência do açougueiro, do cervejeiro ou do padeiro que esperamos a nossa comida, mas da consideração que eles dão ao que é do seu próprio interesse. Não apelamos à sua benevolência, mas à sua autoestima, e nunca falamos das nossas necessidades, mas das suas vantagens. Toda pessoa que emprega capital e trabalhadores não busca promover o interesse público, nem sabe o quanto promove. Ele é guiado por uma mão invisível que o faz e que não faz parte do seu escopo. Seguindo o que é ditado por seu próprio interesse, ele promove o da sociedade.

Divisão do trabalho e produtividade

> Um homem estica o fio, outro o endireita, um terceiro o corta, um quarto faz o ponto, um quinto arquiva a extremidade para posicionar a cabeça; para fazer a cabeça, você tem que fazer duas ou três operações diferentes; o posicionamento é uma tarefa especial, pintar os alfinetes é outra; também o posicionamento no cartão é uma tarefa em si; o importante trabalho que é feito para fabricar um alfinete é, assim, dividido em cerca de dezoito operações diferentes, que, em algumas fábricas, são todas feitas por mãos diferentes, embora, em outras, um homem faça, às vezes, duas ou três.

Dessa forma, Smith estima que um grupo de homens pode produzir 5 mil alfinetes por dia, enquanto, na melhor das hipóteses, apenas um homem extremamente hábil poderia produzir vinte alfinetes.

Promoção da livre concorrência e abertura comercial

No que diz respeito à livre concorrência, Adam Smith, como os outros autores clássicos, define-a seja como livre concorrência seja como liberdade econômica. Embora para o escocês, como para os autores clássicos, o critério fundamental

PRIMEIRA PARTE: O pensamento de um intelectual "austríaco"

fosse o poder de cada comércio e o de cada agente econômico sobre o preço do bem, ele acreditava que a medida de tal poder fosse a capacidade de obter lucros superiores aos normais. A versão clássica do modelo competitivo deriva de um fato real que é importante em si mesmo: a tendência de nivelar a taxa de lucro em diferentes setores de produção quando o capital pode se mover livremente entre eles. Uma consequência direta dessa visão é a posição em favor do livre-comércio, o que se reflete no parágrafo seguinte:

> A máxima de todo chefe de família prudente é nunca tentar fazer, em casa, aquilo que custaria mais para ser feito do que comprado... Se um outro país nos puder fornecer bens mais baratos do que nós próprios podemos produzir, será melhor comprá-los com uma parte do produto da nossa indústria, utilizada de modo a nos conferir uma certa vantagem.

O papel da poupança para o crescimento

Para Adam Smith:

> Tudo o que uma pessoa poupa da sua renda é acumulado no seu capital, que emprega para manter um número maior de mãos produtivas ou para facilitar que uma outra pessoa o faça, emprestando-o em troca de juros ou, o que é a mesma coisa, uma parte do lucro. Assim como o capital de um indivíduo somente pode aumentar com aquilo que a sociedade poupa de sua renda anual ou dos seus lucros, também o capital da sociedade, que coincide com o de seus indivíduos, não poderá aumentar se não da mesma maneira (...). O aumento da própria riqueza é o meio pelo qual a maioria dos seres humanos aspira a melhorar (...) a própria condição. É o meio mais comum e mais óbvio, e o modo mais simples para aumentar a própria riqueza é poupar e acumular parte do que se compra (...). Todo gastador é um inimigo público e todo poupador é um benfeitor público.

O progresso tecnológico

Adam Smith nos ensina:

> Grande parte das máquinas utilizadas nessas manufaturas, nas quais o trabalho é muito subdividido, foi, inicialmente, inventada pelos operários, porque cada um deles estava ocupado com uma operação simples e toda a sua imaginação estava concentrada em encontrar métodos mais rápidos e fáceis de executá-la.

Minimizando a intervenção do Estado na economia

O economista escocês escreve:

> É a maior impertinência e presunção, portanto, dos reis e dos ministros fingirem zelar pela economia privada e limitar os seus gastos, tanto por leis pródigas como por proibições à importação de luxos estrangeiros. Eles próprios são, sem exceção, os indivíduos mais decadentes da sociedade. É melhor que eles passem a cuidar das suas próprias despesas e a confiar nos particulares que decidem sobre as suas respectivas sem problemas. Se sua própria extravagância não arruinar o Estado, não será por falta de desejo (...). As grandes nações nunca foram empobrecidas pelo setor privado, mesmo que, às vezes, se comporte mal, com pompa pública. Todas, ou quase todas, as rendas públicas na maioria dos países são desperdiçadas para manter as mãos improdutivas. Estas pessoas, que constituem uma esplêndida e numerosa corte, (...) em nada contribuem e nada têm para compensar as despesas da sua manutenção (...). Todas essas pessoas, que não produzem nada sozinhas, somente se sustentam graças ao trabalho dos outros homens.

A principal função do Estado

> Muito pouco basta para conduzir um Estado do pior da barbárie ao mais alto nível de opulência, se não paz, baixos impostos e uma administração tolerável da justiça; o resto virá com o curso natural das coisas.

Em outras palavras, Adam Smith não era apenas um grande otimista que tinha compreendido, claramente, como o mundo estava mudando para melhor, mas também estava à frente do seu tempo em mais de duzentos anos quando lançou as bases fundamentais da teoria do crescimento e as suas fundamentações empíricas da forma como as conhecemos hoje.

Como sustentava Alfred Marshall:[69] "Tudo está em Adam Smith".

---

69. Cortesia não confundir o gigante citado por Milei com o general George Marshall, um dos criadores do Programa de Recuperação da Europa a partir de 1948, isto é, após e em razão da Segunda Guerra Mundial (em virtude da sua iniciativa para o referido Programa, conhecido como Plano Marshall, George Marshall receberia o Prêmio Nobel da Paz em 1953... o que não significa muito, uma vez que o ganhador anterior fora Josef Stálin). Apesar do sobrenome, o secretário de Estado estadunidense sequer guarda parentesco com o genial matemático londrino Alfred Marshall (1842-1924), cuja obra fundamental é o clássico *Princípios da Economia* (1890). Descendente dos pensamentos de John Stuart Mill, Adam Smith e David Ricardo, Alfred Marshall é considerado o fundador da profissão de economista. Em Cambridge, foi professor de John Maynard Keynes. (N.T.)

SEGUNDA PARTE

PLANO PARA A ARGENTINA: INTERVENÇÕES POLÍTICAS NECESSÁRIAS

ENTRE A BIGORNA DA INADIMPLÊNCIA E O
MARTELO DA HIPERINFLAÇÃO

Já deixei isso claro várias vezes e em todos os confrontos, televisionados ou não. Analisando as últimas medidas do governo de Mauricio Macri,[70] expliquei quais cenários econômicos esperam o meu país e que podem ocorrer já no fim do ano.[71]

A Argentina caminha, inexoravelmente, para a insolvência, e esse processo já começou, mas a insolvência mais grave da nossa história está prestes a acontecer no ano que vem. Os resultados econômicos do segundo semestre são muito piores do que os do primeiro, quando se declarou o atingimento das metas mascarando os números. Contudo, dado que eles mentiram nos primeiros seis meses, os nós virão à tona agora.

A insolvência é inevitável, mas a questão é saber se ela virá com ou sem hiperinflação. Se tentarem ajustar as contas sem hiperinflação, teremos 50% de argentinos pobres; se chegarem à hiperinflação, teremos 75% dos argentinos na pobreza.

O Banco Central faliu e o país foi à bancarrota porque não terá condições de pagar a sua própria dívida. A demanda por dinheiro está entrando em colapso, e a isso se soma a incerteza causada pelo aumento da quantidade de dinheiro colocado em circulação: trata-se de um coquetel mortal que, se em algum momento as expectativas das pessoas forem frustradas, haverá hiperinflação.

---

70. Primeiro candidato a derrotar o peronismo neste século XXI, Mauricio Macri presidiu a Argentina entre 10 de dezembro de 2015 a 10 de dezembro de 2019, uma vez que não conseguiu ser reeleito, devolvendo o governo ao kirchnerismo. Apesar de ser o único presidente argentino que não conseguiu se reeleger, Macri também foi o único presidente não peronista que conseguiu, em setenta anos, terminar o mandato. (N.T.)

71. As considerações de Milei transcritas neste capítulo foram feitas em 19 de setembro de 2019. (N.T.)

A conversibilidade é superior à dolarização, mas já a queimamos. Por isso, proponho extinguir o Banco Central. Apenas o edifício deve permanecer para ser apontado como um símbolo da decadência argentina. Essa instituição nefasta fez explodir o número de pobres, porque o imposto inflacionário sempre golpeia o decil[72] mais baixo da população, causando prejuízos 25 vezes maiores.

Economistas como Kulfas, Álvarez Agis, Vallejos, Marcó del Pont[73] e toda aquela horda de indecentes que, quando se avizinham do poder – e, daqui a um mês, haverá votação –, vão criar hiperinflação, independentemente dos desastres autorais de Macri, que a está alimentando... e o faz porque é besta, e também porque os economistas que ele tem não são diferentes daqueles do outro lado.

Se a hiperinflação não for evitada entre agora e dezembro, haverá uma nova deterioração do nível de atividade e uma piora de todos os parâmetros macroeconômicos. A chave de tudo está em saber quantas reservas o governo terá e quantas terá para garantir os depósitos. Aquilo que sei é que a única forma de atacar a situação é gerar um cenário que inspire confiança.

---

72. Ver N.T. 55.
73. Milei se refere a quatro "economistas" influentes do kirchnerismo. (N.T.)

ENTRE A ARGENTINA E OS ESTADOS UNIDOS, O ABISMO DO BANCO CENTRAL[74]

No dia em que a hiperinflação estourar, as pessoas perceberão que os políticos são os verdadeiros inimigos. Somente assim, com certeza, faremos uma mudança em direção ao liberalismo que fez da Argentina um país rico no passado.

O governo e os políticos prometem colocar dinheiro no bolso dos trabalhadores, financiando a despesa por meio da manipulação monetário-cambial. Assim o fizeram e não funcionou. Nos últimos 118 anos, tivemos 108 anos de déficits financiados pela dívida e pela questão monetária.

A inflação é sempre e em toda parte um fenômeno monetário. A hiperinflação é o que espera a Argentina se as medidas certas não forem tomadas... e não creio que sejam.

De um lado, Fernández poderia contar com Guillermo Nielsen, que seria o melhor ministro para o país dada a sua capacidade gerencial, demonstrada

---

74. O título original faz referência a um conceito técnico em Economia com o qual o leitor não iniciado talvez seja pouco ou nada familiarizado: *Senza Banca Centralle il PIL argentino sarebbe como quello americano*. Em português: Sem o Banco Central, o PIL argentino seria igual ao americano. PIL é a sigla de *Produto Interno Líquido*, um indicador econômico que, derivado do conhecido *Produto Interno Bruto* (PIB), avalia um país ou determinada população a partir da relação (a razão) entre a quantidade de riqueza existente em um território e a capacidade produtiva dentro desse mesmo território. Cabe esclarecer, ainda, quanto ao presente capítulo, que o texto original é composto de pequeninos preâmbulos (do organizador italiano talvez? Não há referência) seguidos de argumentos de Milei. Logo, corpo estranho à proposta editorial de trazer textos selecionados do novo presidente argentino, optei por excluir as pontuais intervenções que não são de autoria de Milei e, assim, organizar o capítulo somente com aquilo que é de sua autoria. (N.T.)

quando reestruturou a dívida. Por outro lado, prevalecerão as pressões dos peronistas irracionais, que levarão a Argentina ao abismo.

As medidas certas para sair da crise não estão sendo adotadas, apenas medidas que levam a algo pior. O país caminha diretamente rumo à insolvência, ao calote, e assim continuará independentemente da vitória de Alberto Fernández ou de Mauricio Macri. E no ano que vem, a Argentina poderá enfrentar a pior crise da sua história moderna.

O Banco Central dispõe, em reservas, de US$ 10 bilhões ao lado de um passivo equivalente a US$ 65 bilhões. A taxa de câmbio entre o peso e o dólar poderá aumentar, no mínimo, seis vezes.

Realmente, não me interessa, mas, se alguma vez me fizerem governador do Banco Central (BCRA), quererei o cargo para aboli-lo, porque imprimir dinheiro é, simplesmente, uma farsa. O BCRA foi criado em 1935, e antes do seu advento a inflação era de 2% ao ano. Toda vez que a inflação ultrapassa 20%, perde-se 1,58% do crescimento. Teríamos um PIB *per capita* como aquele dos Estados Unidos sem o Banco Central.

À luz da história, a Argentina acabará dolarizando a sua economia. Sabe por que as minhas propostas vêm sendo ignoradas pelos partidos majoritários? Porque vão contra a corporação política.

COMO ACABAR COM
O BANCO CENTRAL EM QUATRO PASSOS

Segundo o artigo 1º da lei que deu origem ao Banco Central da República Argentina (uma sociedade, em seus primórdios, formada pelo governo e pelos bancos privados) em 21 de março de 1935, ficou estabelecido que a Instituição funcionaria por um período de quarenta anos; ou seja, em 1975, deveria ter sido encerrada.

Todavia, a crise conhecida como *"Rodrigazo"*[75] (1975) durante o governo de Isabel Perón, a explosão da escala das taxas cambiais de Martínez de Hoz[76] (1982),

---

75. Conjunto de políticas econômicas anunciadas em 4 de junho de 1975 e, imediatamente, implementadas pelo então recém-nomeado ministro da Economia de Isabelita Perón (viúva e herdeira política de Juan Domingo Perón – era a sua vice-presidente), Celestino Rodrigo, um apadrinhado político do todo-poderoso ministro do Bem-Estar (Previdência) Social, isto é, do primeiro-ministro de fato de uma verdadeira rainha da Inglaterra, José López Rega (*guru espiritual de Isabelita e tão poderoso e temido como fora o místico russo Grigori Rasputin na corte do czar Nicolau II, López Rega, conhecido como El Brujo, foi um segurança da Casa Rosada, sede do governo argentino, e da residência presidencial – onde serviu, sem nenhuma intimidade, ao casal Juan Domingo e Eva Perón –, que se infiltrou, duas décadas mais tarde, na vida do casal Perón – mesmo a contragosto de Juan –, após conquistar a confiança, quer dizer, ludibriar a sua terceira e última esposa, a antiga dançarina de cabaré Maria Estela Martínez, Isabelita Perón, em 1965, quando já se fazia conhecer como astrólogo esotérico dotado de poderes sobrenaturais – aliás, dois episódios protagonizados por El Brujo são dignos de nota, quais sejam, a sessão na qual tentou ressuscitar Perón segurando o calcanhar do defunto aos gritos de "acorda, meu faraó!", bem como o ritual em que obrigou Isabelita a se deitar sobre o caixão de Evita, ex-cantora de cabaré, para que fosse energizada com a popularidade da "Mãe dos Pobres"; após a queda do peronismo, viveu entre Espanha, onde tentou se aboletar no seio da política franquista, Suíça, Miami e Bahamas, onde, em 1986, foi reconhecido, preso e extraditado para a Argentina, onde morreu, na prisão, em 9 de junho de 1989 enquanto aguardava julgamento pelos crimes de múltiplos homicídios, corrupção e conspiração*). Se López Rega resultou no *Rodrigazo*, do *Rodrigazo* resultou a inflação média mensal de 35%, uma das principais razões para o golpe militar de 1976. Em suma, a Argentina, outrora país mais rico do Ocidente, jamais conseguiu se libertar de seu Banco Central *sui generis* muito em razão das paixões de Juan Domingo Perón, que passou a confundir – e, até mesmo, a equivaler – a sua pátria mais amada com o ambiente que mais amava, o cabaré. (N.T.)

76. José Alfredo Martínez de Hoz foi o ministro da Economia do general e ditador argentino Jorge Rafael Videla entre março de 1976 e março de 1981. Em fevereiro de 1981, anunciou uma desvalorização violenta da moeda que ocasionou uma das piores crises financeiras da história da Argentina, crise que somente foi contida, em 1982, pelo então novo presidente do Banco Central, Domingo Cavallo. (N.T.)

as hiperinflações de Raúl Alfonsín[77] (1989) e Carlos Menem[78] (1990), bem como a retirada da conversibilidade monetária (2002),[79] foram as desculpas perfeitas para a corporação política (menos para Carlos Menem em 1991)[80] não colocar fim a um instrumento de opressão fiscal como a política monetária de alta inflação implementada por retomada.

Portanto, em que pese, conforme a lei originária, o fato de que o BCRA já devesse estar fechado e, sobretudo, por causa do desastre inflacionário que levou a um menor crescimento e aos níveis mais altos de pobreza e miséria, é importante perguntar se o BCRA deveria ou não deixar de existir. De fato, a controvérsia sobre esse ponto é uma parte central do debate do século XIX entre a Escola bancária e a Escola monetária, apesar de suas origens remontarem a meados do século XVI, com as contribuições da Escola de Salamanca, e ao século XVII na Itália.

O debate entre os defensores do Banco Central e os defensores da liberdade bancária desenvolveu-se ao longo do século XIX, quando, no início, havia uma ligação íntima entre a escola que professava o *free banking* e a Escola bancária, de um lado, e, de outro, a Escola monetária e os defensores do Banco Central.

Com efeito, os defensores dos bancos e da reserva fracionária[81] abraçaram inicialmente, em geral, a causa de um banco livre de qualquer tipo de interferência (embora, no final, dadas as recorrentes crises de crédito, isso os tenha levado a uma aliança com o Banco Central) para poder continuar a exercer a atividade com base nas suas próprias reservas fracionadas em si.

---

77. Ver N.T. 64.

78. Presidente argentino entre 8 de julho de 1989 a 10 de dezembro de 1999. (N.T.)

79. Projeto de Menem e do seu ministro da Economia, Domingo Cavallo, que criou o *austral* (*peso conversível*), moeda de cotação fixa perante o dólar estadunidense à razão de 1:1. Dez anos mais tarde, a paridade fixa deixou de existir diante do agravamento da crise econômica em 2002. (N.T.)

80. Em 1991, Menem combateu a inflação por meio de privatizações e de um eficiente plano de conversibilidade. A postura liberal começa a ser abandonada em 1993, quando o peronismo ganhou força no Parlamento e, pactuados, conseguiram reformar a Constituição em 1994 para que ele pudesse concorrer à reeleição em 1995. (N.T.)

81. O Sistema de Reserva Fracionária é um modelo bancário no qual os bancos são obrigados a manter apenas uma fração dos depósitos dos clientes como reserva para que possam emprestar e investir não apenas o restante, mas valores superiores àqueles depositados sob sua guarda. Isso permite que os bancos aumentem a circulação monetária através do processo de multiplicação do crédito, mesmo sob o risco crescente de possíveis crises financeiras em razão de corridas bancárias e instabilidades no sistema financeiro. (N.T.)

Por outro lado, os membros da Escola monetária (preocupados com a relação entre emissão de moeda e inflação), desconfiados da atividade bancária, ingenuamente se posicionaram em favor da regulamentação estatal, sob a institucionalização de um banco central que deveria evitar aqueles abusos que a Escola bancária tinha buscado justificar. O debate, então, restou centralizado em dois modelos de sistema financeiro: (*i*) o de *free banking* sem interferência estatal; e (*ii*) outro com um banco central encarregado de regular o sistema.

Todavia, apesar dessas diferenças, ambos os grupos não colocaram o sistema de reservas fracionárias no centro do debate, que se materializou com a famosa Lei Peel, promulgada em 19 de julho de 1844.[82] Embora a lei estabelecesse que a emissão de papel-moeda fosse monopolizada pelo Banco Central e realizada com um critério de suporte integral da moeda metálica, o modelo bancário de reservas fracionárias foi mantido, de modo que os bancos privados tinham liberdade para expandir a moeda, concedendo novos créditos e criando os depósitos correspondentes do zero, mantendo, assim, o *boom* expansionista e as fases subsequentes de crise e depressão ao longo das quais o Banco da Inglaterra era forçado a suspender, de tempos em tempos, as disposições dessa lei e a emitir o papel-moeda necessário para atender à demanda de liquidez dos bancos privados, evitando, na medida do possível, as suas falências.

É mesmo uma ironia do destino que a Escola monetária tenha apoiado a criação de um banco central que, pouco a pouco, e, principalmente, pela influência negativa da Escola bancária, terminou por justificar e promover

---

82. Sobre a Lei Peel, convém evitar uma confusão comum. Antes da norma legal mencionada por Milei no texto, existiu uma lei homônima: Em 1802, na Inglaterra, a Lei Peel voltava-se ao amparo dos trabalhadores, e, nesse sentido, disciplinava o trabalho de aprendizes paroquianos nos moinhos, limitava a jornada de trabalho em doze horas diárias (excluindo os intervalos para refeição e estipulando que essa jornada não poderia se iniciar antes das seis da manhã nem terminar após as nove da noite) e, por fim, penalizava os donos das fábricas, também obrigados a observar regras de educação e higiene. Primeira lei trabalhista de que se tem notícia, o Moral and Health Act ficou conhecido como Peel Act por ter sido elaborado e aprovado pelo então primeiro-ministro Robert Peel, um rico fabricante têxtil que recebera o título de baronete (abaixo de barão, baronete é o último dos títulos nobiliárquicos criados pela Coroa britânica), no reinado de George IV. Em 1844, a Lei Peel, embora tratasse de matéria totalmente diversa daquela de 1802, passou a se referir ao Bank Charter Act, ato do Parlamento britânico aprovado sob o governo do filho de Robert Peel. Tal como o pai e batizado com o mesmo nome, o 2º baronete foi primeiro-ministro do rei William IV entre 1841 e 1846. *Grosso modo*, a Lei Peel de 1844 restringiu os poderes dos bancos britânicos e deu poderes exclusivos de emissão de notas ao Banco Central da Inglaterra. (N.T.)

políticas de controle monetário e de excessos financeiros muito piores do que aqueles aos quais, originariamente, ela teve a intenção de remediar.

Ora, uma vez que todos os desastres monetários têm origem tanto no uso da política monetária do Banco Central quanto em um modelo de banco de reservas fracionárias que amplifica os excessos da autoridade monetária ao longo do tempo (sobretudo à luz da Grande Depressão), o debate entre *Free banking versus* Banco Central varia em um contexto no qual o sistema bancário opera com uma reserva de 100% dos depósitos à vista (que é a demanda de dinheiro) e um banco de investimento para canalizar poupanças.

Dentro desse debate, a posição da Escola Austríaca aparece graças aos trabalhos de Mises, Hayek e Rothbard, que defendem um banco livre com uma reserva de depósitos da ordem de 100% e um banco de investimento que consiga canalizar as poupanças da economia, e, por outro lado, a Escola de Chicago, que tem defendido um modelo financeiro semelhante, mas com a proteção de um banco central.

Assim, Simons, Mints, Director, Knight, Schultz, Douglas, Hart e Angell[83] concentraram-se, principalmente, no propósito fundamental de restaurar o pleno controle do governo sobre a quantidade de dinheiro em circulação e sobre o seu valor. Contudo, o modelo monetário proposto pela Escola de Chicago continua a consentir ao Estado falsificar a moeda graças ao Banco Central e, assim, fraudar a população por meio de uma política monetária baseada na inflação.

Logo, à luz do debate entre *Free banking versus* Banco Central com e sem sistema bancário de reservas fracionárias, propomos, meu colega Diego Giacomini e eu, uma reforma financeira que visa à eliminação do Banco Central da República Argentina (modelo de *free banking*) ao lado de um sistema financeiro que opere dentro dos contornos da lei (Simons, Allais, Rothbard, Hoppe e Huerta de Soto) baseado em uma reserva de 100% de depósitos à vista (reserva de valor) e um banco de investimento para canalizar a poupança dos indivíduos de acordo com as suas preferências em termos de rendimento e risco.

---

83. Henry **Simons**, Lloyd **Mints**, Aaron **Director**, Frank **Knight**, Henry **Schultz**, Paul **Douglas**, Albert **Hart** (e não "Harty", como é mencionado no texto original) e James Waterhouse **Angell** são expoentes da Escola de Chicago favoráveis a políticas monetárias e fiscais para a obtenção da estabilidade de preços. (N.T.)

No que diz respeito à implementação da reforma, ela seria feita em quatro fases:

1. Na primeira fase, o sistema financeiro seria separado em duas instituições, uma para servir de "reserva de valores" e um banco de investimento, dando aos indivíduos um período de tempo (associado à duração do portfólio creditício dos bancos a fim de minimizar o desalinhamento temporário) para escolher entre os diferentes tipos de bancos. Assim, quem quiser dispor do próprio dinheiro tendo em vista cada disponibilidade recorrerá à primeira instituição à qual pagará uma comissão para depositar o próprio dinheiro, enquanto aquele que quiser receber juros recorrerá ao banco de investimento, onde encontrará uma série de alternativas que podem ser ordenadas em termos de renda e risco;
2. Uma vez separado o sistema bancário nessas duas instituições e superados todos os desequilíbrios monetários que poderiam ocorrer, já que o período de tempo exigido é baseado em uma medição média do sistema, proceder-se-ia à desregulamentação do sistema financeiro;
3. Ao mesmo tempo, a concorrência cambial seria garantida, de modo que cada indivíduo, na economia, efetua as suas transações na moeda que lhe for mais conveniente;
4. Finalmente, à luz do teorema da regressão monetária e levando-se em conta a história monetária da Argentina, alguns instrumentos monetários prevalecerão sobre outros (o dólar e/ou o ouro). Uma vez que isso aconteça, os ativos e os passivos do BCRA serão liquidados, quando os passivos monetários remunerados serão contrapostos aos créditos do Banco Central em confronto com o Estado nacional, enquanto a base monetária colidirá com as reservas internacionais expressas no instrumento monetário emergente.

Em conclusão, a eliminação do modelo bancário de reservas fracionárias terá acabado com a possibilidade de operações bancárias, enquanto a eliminação do BCRA privaria os políticos do poder de falsificação da moeda (inflação) que distorce o funcionamento do sistema dos preços, condena o crescimento e multiplica o número de pobres e miseráveis.

ASSIM COMO NO INFERNO,
A ARGENTINA ESTÁ CHEIA DE BOAS INTENÇÕES

As liberdades individuais são frequentemente ameaçadas por aqueles que são fatalmente arrogantes e procuram impor à sociedade o seu julgamento sobre aquilo que é moralmente superior. É nesse quadro que nasce a nova joia socialista: a renda universal ou bolsa-cidadania, que busca corrigir a desigualdade emergente do progresso tecnológico, acolhendo os desempregados através da redistribuição de renda, o que, presumivelmente, aumentaria o consumo e o crescimento. Tudo muito bonito, exceto pelo fato de ser uma bobagem.

Trata-se de uma bobagem por dois motivos:

(i) nasce de uma falsa premissa (falácia ludista); e
(ii) tenta corrigir um resultado errôneo pela ação violenta do Estado através de uma política fiscal redistributiva.

Vejamos a falácia com um exemplo: Suponhamos que um produtor de tecidos tenha conhecimento de uma máquina capaz de fazer casacos usando apenas a metade da mão de obra, até então necessária. Instala, então, a máquina e dispensa metade do pessoal.

À primeira vista, parece que houve uma substancial redução dos empregos. Por outro lado, mesmo que essa máquina requeira operadores para a produção, esse efeito não é suficiente para compensar o anterior. Todavia, a utilização da máquina no processo produtivo permite que o empreendedor produza os mesmos casacos, mas a um custo menor, o que resulta em um aumento extraordinário nos lucros, que, diante dessa situação, poderiam ser utilizados de três modos: (*i*) na expansão de suas estruturas para fabricar um número maior de casacos; (*ii*) como investimento em um outro setor por meio da poupança; e (*iii*) para aumento do consumo. Portanto, uma dessas três possibilidades deve produzir demandas de trabalho. Em outras palavras, graças às suas economias, o produtor obtém um lucro que, antes, não tinha.

Cada centavo economizado em salários diretos, porque se conseguiu reduzir a quantidade deles, deve se direcionar, indiretamente, aos trabalhadores que constroem a nova máquina, aos trabalhadores de outros setores ou àqueles envolvidos na construção de uma nova casa, um veículo ou qualquer outro tipo de bem consumido pelo fabricante. Em todo caso, indiretamente, essa hipotética redução de quadro cria novos postos de trabalho em quantidade proporcional aos postos que o empreendedor deixou de fornecer.

Por sua vez, o aumento dos lucros para o fabricante atrairá concorrentes que imitarão a sua ação, o que não apenas aumentará a demanda por máquinas, mas também, aumentada a oferta de casacos, seus preços diminuirão e, assim, os consumidores poderão dispor de uma maior quantidade de casacos. Em suma, o que deve ficar claro é que a lógica econômica por trás da medida "redistributiva" é falsa, não somente em teoria, bem como na prática, porque, se os ludistas tivessem razão, o desemprego, hoje, seria de 85% no mundo.

No entanto, mesmo deixadas de lado as bobagens ludistas, a forma como se buscam corrigi-las é ainda mais aberrante, uma vez que a redistribuição de renda com o poder coercitivo do Estado implica uma mudança violenta naquilo que os indivíduos, voluntariamente, distribuíram no mercado.

Em primeiro lugar, deve-se notar que a imposição de uma renda universal, ou bolsa cidadania, acarreta a criação de um direito que alguém deverá pagar. Naturalmente, isso será financiado por novos impostos, o que implica um novo avanço do Estado sobre as liberdades dos indivíduos para que os fundos possam ser usados por aqueles homens que estão sentados em suas poltronas de ouro.

Em segundo lugar, os impostos causam danos diretos e indiretos. No que diz respeito aos danos diretos, os impostos sobre os inovadores bem-sucedidos reduzem os seus lucros e, por conseguinte, o investimento na inovação e no progresso tecnológico. De sua parte, os efeitos indiretos reduzem ou eliminam outros negócios que possam surgir. Por exemplo: se os gênios da renda básica tivessem agido no tempo de Edison[84] em defesa dos fabricantes de velas, teriam eliminado a eletricidade e, com ela, produtos como as geladeiras, os filmes, a televisão e tudo o que funciona com eletricidade.

Em terceiro lugar, a tributação progressiva leva a um tratamento desigual perante a lei, que punirá as pessoas físicas de modo mais que proporcional, por terem conseguido satisfazer as necessidades dos outros, o que não parece nada justo.

Em resumo, se você acha que a medida de bolsa-cidadania é, assim, boa, por que não propõe que ela seja financiada voluntariamente? Na Suíça, por exemplo, 77% da população rejeitou essa medida, e na Finlândia, que está em vias de fazê-lo, já há discordância. Como defende Armando Ribas,[85] "o socialismo nasce da inveja, cresce no ódio, produz pobreza e distribui a miséria"; e, aqui, temos vários que buscam regressar às cavernas.

---

84. Considerado um dos maiores inventores da História, Thomas Alva Edison (1847-1931) foi um inventor e empresário americano, mais conhecido por desenvolver dispositivos que tiveram um impacto significativo na vida moderna, como a lâmpada elétrica, o fonógrafo e o sistema de distribuição de energia elétrica. (N.T.)

85. Filósofo liberal cubano e radicado na Argentina, onde faleceu, aos 87 anos, em 2020, Armando Ribas é autor de frases célebres como esta citada por Milei. Outra que merece destaque é: "Educar com o marxismo é como amamentar com álcool". (N.T.)

KIRCHNERISMO:
A VERDADEIRA HERANÇA MALDITA

Neste artigo, buscaremos esclarecer a colossal destruição da riqueza de que fomos vítimas, em decorrência da implementação de um projeto político populista e selvagem do regime dos Kirchner, que detiveram o poder nos últimos doze anos.

Nesse sentido, em meados do ano passado,[86] juntamente com os meus colegas Nicolás Federico Kerst e Diego Pablo Giacomini, desenvolvemos um indicador que chamamos de "termômetro da riqueza". O indicador em questão baseia-se no pressuposto de que a competitividade de um país é determinada por sua capacidade de ganhar dinheiro (ou seja, gerar riqueza). Para isso, a partir do Q de Tobin,[87] todas as informações relevantes sobre o futuro são sintetizadas

---

86. Trata-se de texto publicado em 2016, de maneira que "meados do ano passado" faz alusão ao meio do ano de 2015, isto é, ao mês de maio de 2015, quando, a poucos meses da eleição presidencial de outubro, Cristina Kirchner, terminando o seu segundo mandato presidencial (entre a posse do seu falecido marido, Néstor, em 2003, e o final de sua gestão em 2015, completaram-se os doze anos de kirchnerismo mencionados no primeiro parágrafo deste artigo), não conseguiu emplacar a sua reforma constitucional que permitiria reeleições ilimitadas (apesar do caos econômico, Cristina contava com um índice de aprovação popular inédito a qualquer presidente em final de mandato: cerca de 40%). Às voltas com a Justiça, optou por não concorrer a qualquer outro cargo e trabalhou, com apoio à então presidente brasileira Dilma Rousseff, para a eleição de um sucessor que lhe concedesse uma cadeira no Parlamento do Mercosul a fim de que, neste cargo, mantivesse o privilégio da prerrogativa de foro jurisdicional. Não tendo sido capaz de transferir a sua popularidade (aliás, o candidato da sua coalizão, Daniel Scioli, não foi a sua primeira escolha), Mauricio Macri venceu a eleição. Outro fator do insucesso eleitoral foi a crise agravada pelas políticas irresponsáveis do ministro da Economia galã (2013-2015) Axell Kiciloff. O atual governador da província de Buenos Aires (que marca o retorno do peronismo à principal província argentina), dezenove anos mais jovem que a ex-presidente, era chamado pela imprensa de *Kicilove* e foi apontado como um dos amantes preferidos de Cristina na biografia não autorizada escrita por Franco Lindler: *Los amores de Cristina*. (N.T.)

87. Q de Tobin (Q'sT) é, em Economia, a denominação dada ao resultado de uma equação introduzida, em 1966, por Nicholas Kaldor, qual seja, a expressão da razão entre o valor (preço, P) de mercado de um ativo físico atualmente disponível [numerador da equação] e o valor (custo, C) de reposição, reprodução ou substituição essencial à constância da disponibilidade desse ativo físico no mercado [denominador da equação]: $Q'sT = P/C$. (N.T.)

para a tomada de decisões de investimento pelos diferentes agentes, uma vez que, como um todo, convergem as condições de equilíbrio tanto dos mercados de bens (a renda é suficiente para cobrir todos os custos operacionais como impostos e capital) quanto do capital (o retorno dos ativos é igual ao custo/oportunidade do capital).

Ao mesmo tempo, se assumirmos que a economia em análise é aberta e que a paridade do poder de compra (PPC) seja satisfeita no longo prazo, a partir das condições de equilíbrio no modelo Q, é possível determinar o tipo de variação no equilíbrio real, que será dado pelo salário real (salário em termos do nível geral de preços) em relação à produtividade do trabalho, o custo de oportunidade do capital (que engloba a alavancagem da economia, a taxa de juros dos Estados Unidos, o risco-país e a desvalorização esperada), a carga tributária (despesa pública e a sua eficiência) e a escala de produção, tudo em relação à economia de referência (aquela da moeda em exame).

Em termos práticos, o termômetro da riqueza mostra que nunca na história da Argentina se destruiu tanta riqueza como no período de 2003 a 2013: a política econômica dos Kirchner alcançou, assim, a proeza da destruição de 1,61 ponto do indicador de riqueza, um recorde em comparação às destruições de riqueza anteriores, superando o 1,27 ponto do período econômico da ditadura (1977-1982), o 0,97 do período de abandono da conversibilidade (2000-2002), o 0,81 do *Rodrigazo*[88] (1973--1975) e o 0,74 referente ao primeiro governo de Juan Domingo Perón (1945-1949).

Por sua vez, o mesmo estudo estatístico mostra que, quando o indicador fica abaixo de 0,6, a probabilidade de uma crise se acelera drasticamente. Quer dizer, quando o indicador perde 0,4 ponto em relação ao nível da média histórica, a economia entra em crise. Resumidamente, com base nessa análise, confirma-se que o kirchnerismo foi o pior governo da história, pois, nos últimos doze anos, gerou uma queda que poderia ter redundado em quatro crises, não fossem as reformas estruturais realizadas nos anos 1990, o ajuste estrutural realizado por Eduardo Duhalde e o fato de se encontrar no melhor contexto internacional.

Não obstante os resultados em questão sejam irrefutáveis, a leitura nua e crua dos dados pode parecer uma abstração, de modo que, para completar esses resultados, apresentamos, a seguir, os números em termos de PIB *per capita* e o

---

88. Ver N.T. 75.

SEGUNDA PARTE: Plano para a Argentina: Intervenções políticas necessárias

correspondente nível associado de riqueza (entendido como o valor atual do PIB por habitante futuro).

O ponto de partida para medir a destruição da riqueza pelo kirchnerismo é o início do segundo mandato de Cristina Fernández de Kirchner, coincidindo com a chegada ao Ministério da Economia da estrela esplendorosa do firmamento econômico da nação, o dr. Axel Kicillof (primeiro como vice-ministro e, depois, como ministro). Em particular, apesar da adulteração das estatísticas e da existência de múltiplas taxas de câmbio, o PIB por habitante estagnou em cerca de US$ 10 mil *per capita*. Por exemplo, esse nível representa 20% do PIB *per capita* dos Estados Unidos (país que é tomado como referência para a realização dos exercícios de convergência).

Nesse sentido, se levarmos em conta que o atual processo de declínio levou cerca de setenta anos, o que nos fez passar de um PIB *per capita* igual a 97% daquele dos Estados Unidos para os atuais 20%, parece normal supor que serão necessários outros setenta anos para voltarmos ao nível do qual o populismo selvagem nos baniu.

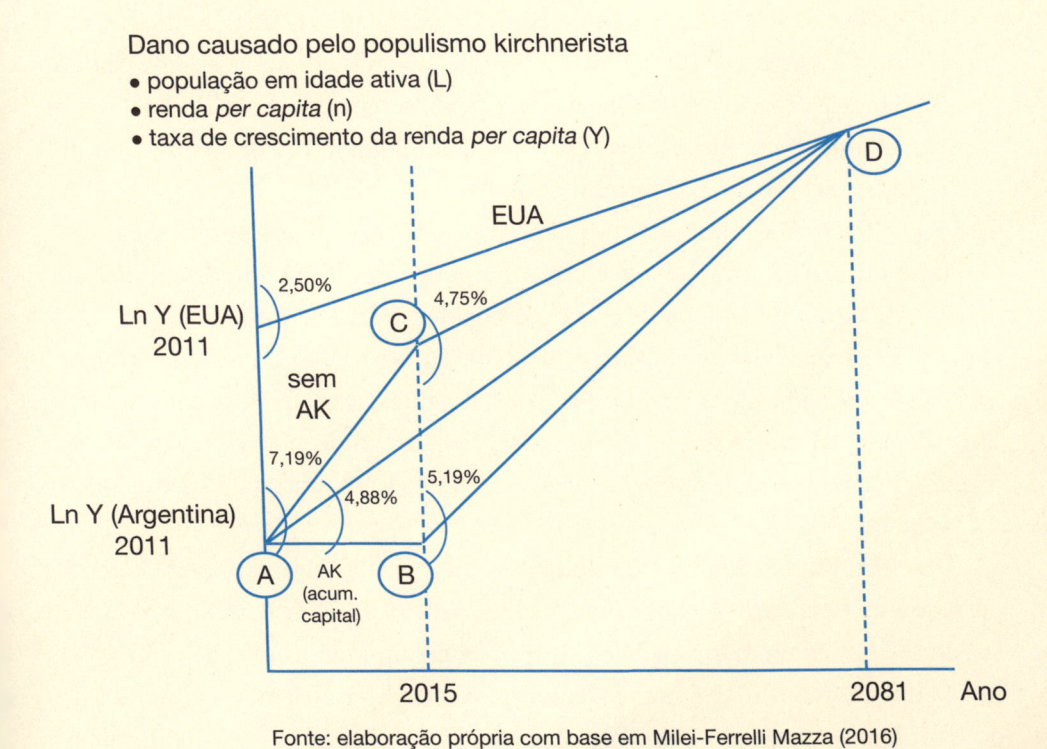

Dano causado pelo populismo kirchnerista
- população em idade ativa (L)
- renda *per capita* (n)
- taxa de crescimento da renda *per capita* (Y)

Fonte: elaboração própria com base em Milei-Ferrelli Mazza (2016)

Supondo que o PIB *per capita* nos Estados Unidos cresça a uma taxa anual composta de 2,5% (atingindo um nível de US$ 282 mil em 2081), nosso produto interno *per capita* deve crescer (incluindo o efeito da apreciação da taxa de câmbio devido à defasagem com o PIB PPC, 1,13%) a uma taxa composta anual de 4,88%. Todavia, à luz do fato de que, durante o período entre 2011 e 2015, o país desfrutou do melhor ambiente internacional da história (as melhores condições comerciais juntamente com as taxas de juros próximas a 0% no mundo), o crescimento deveria ter aumentado cerca de 2,2 pontos percentuais (segundo Robert Barro, 1998) e, assim, poderia ter chegado a 7,19% ao ano. É claro que, uma vez que esse efeito desapareça, a taxa de crescimento para um nível de 4,75%, de modo a atingir o PIB *per capita* dos Estados Unidos em 2081.

Com base nos resultados apontados, fica claro que a gestão econômica do kirchnerismo nos custou a área compreendida entre os pontos do A, C e B do gráfico (resultado emergente das diferentes taxas de crescimento), uma perda que, traduzida em dólares e somada a uma taxa de capitalização de 5% ao ano (a qual teríamos conseguido no caso de normalização do calote da dívida), chega a US$ 8.500 por habitante e que, na prática, equivale a 85% do PIB atual. Embora o número em questão pareça alto, quando comparado ao que aconteceu nos demais países da região (excluindo a Venezuela), a perda seria em torno de 120%.

No entanto, o prejuízo causado pela formidável dupla Cristina Fernández de Kirchner e Axel Kicillof não termina aqui.

Especificamente, mesmo que os danos causados fossem temporários e a economia pudesse voltar a crescer e, assim, atingir uma taxa composta anual de 5,19%, de tal modo a alcançar a famosa convergência em 2081, temos, ainda, uma perda sequencial de riqueza equivalente à área B-C-D do mesmo gráfico, haja vista que partimos do menor PIB por habitante. Nesse sentido, considerando o diferencial desses produtos potenciais e descontando-o em 5%, a perda de riqueza por habitante giraria em torno de US$ 104 mil, ou seja, cerca de 10,4 PIB para cada habitante.

Se, enfim, somarmos a perda de riqueza do período no qual houve menor crescimento (área C-B-A equivalente a cerca de US$ 8.500 *per capita*) e os efeitos do crescimento em direção à convergência de um menor nível de produção por habitante (área B-C-D equivalente a cerca de US$ 104 mil *per capita*), a destruição da riqueza por habitante chega a US$ 112.500 (área A-C-D-B), valor que, aproximado a uma população de 42 milhões de argentinos, produz uma perda total de US$ 4,725 bilhões.

Portanto, se você encontrar alguém que, depois de lhe haver explicado esses números, ainda não acreditar que o kirchnerismo foi, de longe, o pior governo da história do país, é muito provável que você esteja lidando com um extremista fanático. Nunca desista, arme-se de paciência, seja muito tolerante e tente explicar de novo... Até que ele entenda.

ALBERTO FERNÁNDEZ,
O LIBERTICIDA

Afirmo sem meias palavras: o governo do presidente Fernández é um governo liberticida, que não tem escrúpulos em atropelar os direitos de propriedade. Para muitos de seus ministros, a propriedade privada é qualquer coisa relativa. E já o demonstraram em várias ocasiões.

Os valores nos quais a esquerda se baseia são os habituais ódio, ressentimento, inveja, tratamento desigual perante a lei, homicídio e roubo. São valores morais nada menos que repugnantes.

Quanto a Cristina Kirchner, que hoje é vice-presidente da Argentina, ela sabe muito bem que a crise está chegando, algo que a equipe econômica de Alberto Fernández desconhece, porque é um grupo de pessoas incompetentes e que não saberiam fazer contas nem usando um ábaco. Além disso, o atual presidente, que inicialmente foi obrigado a mentir sobre as ideias de Cristina, radicalizou as suas posições com a chegada da covid-19.

Não me considero um direitista, mas sou um liberal libertário, porque, em muitas questões, a direita tende a ser conservadora nos aspectos sociais; e pessoas como eu, por outro lado, tendem a ser liberais em todos os aspectos da vida.

Escolhi entrar na política junto com José Luis Espert, ex-candidato presidencial da Frente Despertar, porque, ambos, somos antissistema. O que vemos do nosso ponto de vista da economia, mas também o que as evidências empíricas mostram, é que a única coisa que vai manter este país funcionando, que vai melhorá-lo, é abraçar novamente as ideias de liberdade que a Argentina deixou de professar desde 1916. O problema é que a aplicação das medidas pró-mercado e pró-liberdade vai contra a oligarquia política, que esconde os seus privilégios de casta por detrás de pessoas vulneráveis. Então, acho que a alternativa certa é entrar no sistema e dinamizá-lo por dentro, que é o que queremos fazer.

Até hoje, toda ação governamental anunciada para promover o desenvolvimento nada mais é do que a distribuição de porções da riqueza alheia, de um mesmo bolo que, cada vez mais, vai ficando menor em razão dos impostos progressivos. Urge reduzir a despesa pública para que, assim, os impostos diminuam e, ao mesmo tempo, propicie também uma reforma trabalhista, de maneira a favorecer aqueles que têm de entrar no mercado de trabalho.

Durante os doze anos de kirchnerismo, começamos a percorrer a estrada venezuelana. Macri apenas reduziu a velocidade; não mudou a direção do trajeto. Mas, agora, eles estão de volta ao comando. O governo de Alberto Fernández junto com Kirchner está aprofundando o modelo chavista. A própria questão da quarentena cavernosa, imposta pelo Executivo ao longo de 250 dias de *lockdown*, deve ser interpretada como um crime contra a humanidade que implicou uma supressão sistemática do direito à propriedade: logo, ou você morre de fome ou se torna escravo do Estado. O que significa enfatizar, ainda mais, o modelo venezuelano.

É uma besta quem diz que este país foi atormentado pelo neoliberalismo, porque a palavra liberal vem de liberdade. Portanto, não há uma nova liberdade ou uma velha liberdade. Há liberdade ou não há liberdade. Quando existe um governo com características liberais, há respeito e promoção das liberdades individuais, dos direitos de propriedade e devolução do dinheiro para as pessoas; não se mata as pessoas com impostos. A carga tributária atual torna a Argentina inabitável, e não haverá outro rumo que não seja aquele que vai do mal ao pior.

NÃO É A PANDEMIA, É A QUARENTENA, ESTÚPIDO[89]

1. Dados e boatos

Desde a chegada da covid-19, emergiu um debate que, diante da queda do nível de atividade econômica, do emprego, dos salários reais e do aumento repentino do número de pobres e miseráveis, busca subtrair a responsabilidade do governo pelos desastres econômico e, cedo ou tarde, social, atribuindo a responsabilidade à pandemia e não à escolha política de governo preferida para lidar com o vírus, isto é, a quarentena. O argumento é simples: a pandemia é um choque externo, enquanto a quarentena é responsabilidade absoluta do governo.

A primeira coisa a ressaltar é que a economia argentina já estava em um caminho ruim desde meados de 2018, quando a recessão voltou, e o atual governo não conseguiu reverter a tendência. Em particular, os dados do PIB do primeiro trimestre mostram uma queda de 5,4% em comparação com o mesmo período do ano passado.

Todavia, esta não é uma prova suficiente da má gestão, porque, em face da tendência decrescente, os dados anuais indicam habitualidade de um sinal negativo, que é a base daquilo que se define como transição estatística. No entanto, quando o indicador é apresentado em termos sazonalmente ajustados, deparamo-nos com uma queda de 4,8% em relação ao trimestre anterior, o que é, sim, de

---

89. Na edição original deste livro organizado por Leonardo Facco o título do presente capítulo é *Dal Covid ala quarentena quando la cura è peggio dela malattia* (em português: Da covid à quarentena: quando o remédio é pior que a doença). Todavia, este tradutor optou pelo retorno ao título original do artigo de Javier Milei publicado, em 1º de julho de 2020, no periódico *El Cronista*: "No es la pandemia, és la cuarentena, estúpido". (N.T.)

responsabilidade do novo governo. Além disso, os números evidenciam a ação do governo, já que, enquanto o consumo privado caiu 6,8%, o investimento, 9,7%, as exportações, 13,4% e as importações, 7,6%, o único item que mostrou sinal positivo foi o do consumo público, que cresceu 1,6%.

Ao mesmo tempo, o indicador de atividade de frequência mensal (EMAE)[90] também revela um declínio colossal: no mês de março, bastaram dez dias de imposição da quarentena para que a atividade econômica despencasse 11,4% em relação ao mesmo período do ano anterior; em abril, a produção nacional caiu 26,4% (acumulando uma queda de 11% sobre a base anual até o final deste ano), o que representa o maior declínio da história da Argentina.

Assim, diante dos números horrendos da economia e em vista das críticas que promoveram demasiada confiança na opinião de infectologistas, o governo impôs a narrativa segundo a qual o problema não é a quarentena, mas a pandemia. Para isso, destacou, com base em estimativas do FMI, o número de quedas do PIB em diferentes países do mundo. Nesse sentido, cabe ressaltar que a Agência Multilateral estima que o PIB mundial cairá 4,9%, enquanto o argentino cairá 9,9%, o que nos coloca entre os países com o pior desempenho mundial. Não por acaso, os países que impuseram quarentenas mais duras apresentaram taxa de queda mais elevada.

2. Pandemia ou *fraudemia*?

Há uma piada em que dois microeconomistas (que observam tudo em termos relativos) se encontram. Um diz ao outro: "Oi, como está sua esposa?". E o outro responde: "Com relação a quê?". O mesmo acontece, aqui, na pandemia.

Para compreender os efeitos letais da covid-19, a primeira coisa a se considerar é como são as dinâmicas populacionais em termos de óbitos. Nesse sentido, em primeiro lugar, há que se entender que, ao longo de um ano, 60 milhões de pessoas morrerão no planeta segundo os estudos demográficos da Organização das Nações Unidas (ONU); ou seja, que cerca de 165 mil pessoas morrem por dia

---

90. *Estimador Mensual de Actividad Económica*, indicador calculado pelo Instituto Nacional de Estadística y Censo (Indec) da República Argentina que reflete a evolução mensal da atividade econômica de todos os setores produtivos em nível nacional e permite antecipar as taxas trimestrais de variação do Produto Interno Bruto. (N.T.)

em todo o mundo. Por outro lado, quando analisados os óbitos da covid-19 no mundo, pouco mais de cem dias são necessários para que cheguemos ao número diário; ou seja, representaríamos cerca de 1% das mortes no mundo (mesmo em uma estimativa favorável à covid-19).

De resto, se compararmos a covid-19 com o caso da gripe espanhola, paradigma usado pela Organização Mundial da Saúde (OMS) para ameaçar o mundo, o nível de desproporção é muito mais do que enorme. Em particular, a gripe espanhola ocorreu do final de 1918 ao início de 1920, infectando um terço do planeta Terra e matando 6% dos infectados (= taxa de letalidade). Ou seja, a gripe espanhola matou 39 milhões de pessoas, representando 2% da população total do planeta Terra à época. Se replicássemos os números em 2020, estaríamos falando de 2,6 bilhões de infectados e 156 milhões de mortes por covid-19, ao passo que, da extrapolação linear dos dados obtidos até o presente momento, se obtém um total de 20 milhões de infectados e 1 milhão de mortes. Ou seja, a OMS perdeu o número de infectados em 130 vezes e o número de mortes em 156 vezes. Além disso, dado que, durante o primeiro semestre do ano, a mídia mostrou, continuamente, gráficos com o número de mortes pela covid-19 em todo o mundo, se o vírus em questão tivesse resultado na mesma letalidade da gripe espanhola, os gráficos mostrariam que 427.397 pessoas teriam que morrer todos os dias, um número que a covid-19 levou cinco meses para alcançar.

Portanto, à luz dos dados apresentados, deparamo-nos com duas interpretações. De um lado, a OMS tem um sério problema de compreensão matemática e estatística, e isso a levou a cometer um erro enorme; de outro, o fato de a sua elaboração ter sido realizada em total escala internacional. Contudo, seja qual for a razão, o ponto é que a covid-19 não somente não pode ser comparada à gripe espanhola, bem como é questionável defini-la como pandemia.

3. Quarentena e economia

De acordo com os números apresentados e os erros mais do que grosseiros da parte da OMS, nas estimativas que sustentaram as suas recomendações, é muito importante saber quanto da queda do PIB global é atribuível à covid-19 (leia-se: *fraudemia*) e quanto se deve à quarentena, um exercício que faz sentido porque, além das diferenças entre os diferentes modelos de quarentena implementados ao redor do mundo, todos os países passaram pelo problema.

À luz das hipóteses feitas pela OMS e, sobretudo, por infectologistas defensores de que a pandemia da covid-19 seria equivalente à "peste espanhola", um estudo econométrico de Robert Barro,[91] José Ursua[92] e Joanna Weng[93] procurou determinar qual seria o seu impacto no crescimento da produção e do consumo seja em termos *per capita*, tanto na taxa de retorno dos títulos do Tesouro como sobre a taxa de inflação no mundo, partindo-se do pressuposto de que a hipótese daqueles especialistas sanitários seja verdadeira.

Por sua vez, para estudar o impacto da gripe espanhola (a fim de uma sequencial assimilação ao caso da covid-19), o período de análise vai de 1901 a 1929, ano de corte dessa série temporal explicado pela presença da Grande Depressão. A partir disso, para os 42 países que fazem parte do estudo transversal, são excluídos da conta os números de mortes fora do período da peste espanhola, 1918-1920, e de mortes da Primeira Guerra Mundial, 1914-1918; essas mortes são zeradas. Ademais, vale a pena notar que, embora a data de 1901 possa ser um pouco arbitrária, as estimativas a partir de 1870 mostram resultados semelhantes.

Assim, com base nos resultados econométricos obtidos, os autores do estudo estabelecem que, se o número de mortes por covid-19 fosse semelhante ao da peste espanhola, a taxa de queda no crescimento do produto *per capita* seria de 6%, enquanto no caso do consumo *per capita* seria de 8%.

Por outro lado, se considerarmos que a taxa de crescimento do PIB, para valores pequenos, pode ser assimilada à soma da taxa de crescimento do PIB/c mais a da população (descontada do crescimento natural e do efeito da doença),

---

91. Autor de mais de uma dezena de livros e editor de respeitados periódicos econômicos, o nova-iorquino Robert Barro é professor do Departamento de Economia da Faculdade de Artes e Ciências da Universidade Harvard, instituição na qual trabalha desde 1986. (N.T.)

92. Economista global na Goldman Sachs, contribuiu em projeções dos Brics nas comparações de crescimento entre países, nas estagnações econômicas, no impacto dos choques de incerteza, no acúmulo de dívida pública, nas recuperações pós-quebra imobiliária, na precificação do risco de desastres e nas Olimpíadas. Articulista no *Wall Street Journal*, é PhD em Economia pela Universidade Harvard. (N.T.)

93. Professora sênior de Matemática, Física e Princípios Físicos da Tecnologia de Sensores na Faculdade de Ciências Aplicadas da Universidade de Zurique. (N.T.)

o PIB mundial apresentaria uma redução na taxa de crescimento de sete pontos percentuais.

Portanto, dado que as estimativas da queda da taxa de crescimento segundo o FMI (usando outra metodologia e trabalhando país a país) vão na mesma linha do trabalho de Barro-Ursua-Weng, isto é, assimilando a covid-19 com o caso da gripe espanhola, já que o vírus mostrou, pelo menos, 156 vezes menos letalidade, a causa da contração é a quarentena e não a "pandemia". Em outras palavras, como as mortes por covid-19 teriam sido de 0,013% para todo o mundo, a taxa de crescimento do PIB *per capita* deveria ter diminuído 0,038%. A quarentena global é, então, responsável por 99,27% da queda do PIB.

Se, por sua vez, considerarmos a Argentina a principal aluna da OMS, fica evidente a atrocidade causada pelo governo de Alberto Fernández a mando do grupo de infectologistas que o assessoram. Essa situação se torna muito mais grave quando se considera que, devido à dinâmica global do vírus, o país não só teve mais tempo, mas também muito mais informação.

4. Um remédio pior que a doença

Se é claro que o modelo de quarentena teve um efeito devastador na taxa de crescimento global, esse erro se torna ainda mais chocante quando se consideram os efeitos no mercado de trabalho.

Estudos da Organização Internacional do Trabalho (OIT) estimam que, no primeiro trimestre do ano, 4,5% dos empregos foram perdidos no mundo, ou seja, encerraram-se 130 milhões de postos de trabalho. Comparado com uma perda de 10,5 horas no segundo trimestre do ano, o número de empregos perdidos chega a 305 milhões.

Ao mesmo tempo, essa destruição de milhões de postos de trabalho fez com que o salário médio, no mundo, diminuísse em 60%. Além disso, considerando que 62% dos trabalhadores do mundo trabalham no setor informal (ilegalmente) e que 47 pontos desses 62 foram, significativamente, impactados pela quarentena apoiada pela Organização Mundial da Saúde, o número de trabalhadores informais abaixo da linha da pobreza, no mundo, subiu de 26% para 59%.

De outra parte, segundo estimativas do Programa Alimentar Mundial (PAM) em conjunto com os resultados derivados do "Relatório Global sobre Crises Alimentares 2020" (elaborado em conjunto com a Rede de Informação de Segurança Alimentar da FAO [Organização das Nações Unidas para a Alimentação e a Agricultura] e o Instituto Internacional de Investigação de Políticas Alimentares), cerca de 135 milhões de pessoas já estavam em situação de insegurança alimentar antes da chegada da covid-19.

Todavia, o que se observa é que o resultado da resposta (quarentena rigorosa) para resolver os efeitos do vírus chinês põe em confronto os países ao exigir um difícil comprometimento entre salvar as vidas ou os meios de subsistência que viabilizam as vidas. Assim, salvar vidas humanas do coronavírus, dado o modelo de quarentena, tem levado as pessoas à fome. Em termos concretos, a pesquisa do PAM indica que mais 130 milhões de pessoas serão levadas à beira da fome, elevando para 265 milhões o número total de pessoas que sofrem de insegurança alimentar.

Logo, nessa base e de acordo com estudos do PMA, 300 mil pessoas morrerão de fome no mundo todos os dias por, pelo menos, três meses; isto é, cerca de 27 milhões de pessoas morrerão de fome graças ao modelo de quarentena promovido pela OMS.

Em suma, tudo isso prova que o remédio é muito pior que a doença.

5. Quarentena: Um crime contra a humanidade

Como apontam Ricardo Manuel Rojas[94] e Andrea Rondón García[95] no livro *La supresión sistemática de derechos de propiedad como crímen de lesa humanidad* (A supressão sistemática dos direitos de propriedade como crime de lesa-humanidade), o estudo dos tipos penais de crimes contra a humanidade ou genocídio, tal como definidos nas convenções específicas ou no Estatuto de Roma, permite-nos constatar que esses crimes estão fundamentalmente ligados

---

94. Professor em diversas universidades argentinas, foi secretário jurídico da Suprema Corte de Justiça argentina (1986-1993) e é juiz criminal de Buenos Aires desde 1993. (N.T.)

95. Professora doutora da Universidade Central de Venezuela, é uma das resistentes fundadoras do Instituto Mises em seu país. (N.T.)

ao exercício de ações sistemáticas e violentas que visam eliminar ou suprimir determinados grupos. Ao mesmo tempo, vale ressaltar que não apenas a agressão física direta pode constituir um crime contra a humanidade, mas que esse fim também pode ser buscado e alcançado por meio de ações não diretamente violentas, como a supressão sistemática do direito de propriedade em um nível tal que torne impossível a subsistência da população.

Nesse sentido, emerge com total clareza que a supressão sistemática do direito de propriedade pelo Estado implica a remoção da base do sustento econômico do indivíduo, que se vê diante de um dilema existencial. De um lado, defender a sua propriedade afrontando o avanço expropriatório do Estado, o que, ao cabo, porá fim à sua vida pela fome – assim, o Estado acabará por assassiná-lo indiretamente (cujo *modus operandi* poderia ser enquadrado como tortura). Do outro, a possibilidade de ceder, docilmente, ao capricho dos hierarcas do Estado e, assim, tornar-se escravizado. No primeiro caso, então, o direito à vida é aniquilado, enquanto, no segundo, é o direito à liberdade.

Na lógica desta análise, os casos de quarentena mais severos, como no caso da Argentina, traduzem-se em crime contra a humanidade. Assim, quando o Estado impõe a quarentena, impõe a supressão geral do exercício do direito de propriedade para grande parte da sociedade civil. Em particular, a medida suprime completamente os rendimentos das empresas, obrigando-as a continuar a pagar impostos, sustentando o número de trabalhadores e não permitindo a redução dos salários.

O resultado de tudo isso, simultaneamente, é que, durante o processo, as empresas, primeiro, consomem o capital de giro e, depois, exploram as economias dos seus sócios, o que, ao fim, levará à falência as próprias empresas e empobrecerá os seus proprietários. Nesse sentido, não somente se verificam enormes danos a todos os estratos da sociedade devido à destruição do capital, mas também se deixa o setor privado indefeso diante de um governo que avança com pretensões totalitárias.

Portanto, a promoção de um modelo de quarentena extremamente profundo e por um tempo exageradamente longo não apenas permite que os governos avancem sobre a vida da população com pretensões totalitárias, mas, além disso, se tornam verdadeiras máquinas de violação maciça dos direitos individuais – e, uma vez que, nessa tarefa, a violação dos direitos de propriedade é essencial para alcançar os objetivos, tais ações são alcançadas por meio de alguns crimes previstos no Estatuto de Roma e nas legislações que o adotaram.[96]

---

96. No Brasil, o Estatuto de Roma do Tribunal Penal Internacional teve o seu texto integralmente aprovado pelo Congresso Nacional por meio do Decreto Legislativo nº 112, de 6 de junho de 2002, e foi promulgado, em 25 de setembro de 2022, através do Decreto nº 4.388 do presidente Fernando Henrique Cardoso. Na Argentina, os dispositivos desse Estatuto passaram a viger em 5 de janeiro de 2007, com a promulgação da Lei de implementação nº 26.200, sancionada, em 13 de dezembro de 2006, pelo então presidente Néstor Kirchner. *Grosso modo*, o Estatuto de Roma é um documento internacional que estabelece a base para o Tribunal Penal Internacional (TPI) e é considerado um marco no combate aos crimes mais graves que afetam a comunidade internacional. Ao lado dos crimes de guerra (artigo 8º) e do crime de agressão (não tipificado no texto), os crimes de genocídio e de lesa-humanidade estão tipificados, respectivamente, nos artigos 6º e 7º. O **genocídio** define-se como a execução de cinco práticas "com intenção de destruir, no todo ou em parte, um grupo nacional, étnico, racial ou religioso": (a) homicídio de membros do grupo; (b) ofensas graves à integridade física ou mental de membros do grupo; (c) sujeição intencional do grupo a condições de vida com vistas a provocar a sua destruição física, total ou parcial; (d) imposição de medidas destinadas a impedir nascimentos no seio do grupo; e (e) transferência, à força, de crianças do grupo para outro grupo. Já o **crime contra a humanidade** é "qualquer um dos atos seguintes, quando cometido no quadro de um ataque, generalizado ou sistemático, contra qualquer população civil, havendo conhecimento desse ataque: (a) homicídio; (b) extermínio; (c) escravidão; (d) deportação ou transferência forçada de uma população; (e) prisão ou outra forma de privação da liberdade física grave, em violação das normas fundamentais de direito internacional; (f) tortura; (g) agressão sexual, escravatura sexual, prostituição forçada, gravidez forçada, esterilização forçada ou qualquer outra forma de violência no campo sexual de gravidade comparável; (h) perseguição de um grupo ou coletividade que possa ser identificado, por motivos políticos, raciais, nacionais, étnicos, culturais, religiosos ou de gênero, tal como definido no parágrafo 3º, ou em função de outros critérios universalmente reconhecidos como inaceitáveis no direito internacional, relacionados com qualquer ato referido neste parágrafo ou com qualquer crime da competência do tribunal; (i) desaparecimento forçado de pessoas; (j) crime de *apartheid*; (k) outros atos desumanos de caráter semelhante, que causem intencionalmente grande sofrimento, ou afetem gravemente a integridade física ou a saúde física ou mental". Em que pese a juridicidade das tipificações, convém assinalar, por fim, a falta de rigor sistemático dos dispositivos, uma vez que o genocídio, sendo também ele um crime contra a humanidade, deveria figurar no rol desses crimes e não, como está, disposto isoladamente, de maneira a reduzir a possibilidade dos abjetos jogos de linguagem nos discursos políticos que ora reduzem, ora esvaziam, ora desvirtuam, criminosamente, o significado dos termos "genocídio" e "genocida" – e, fazendo-o, diminuem, *par ricochet*, o significado da própria humanidade, encarnando, portanto, a qualidade essencial do anticristo. (N.T.)

MARADONA:
O POVO QUE O CELEBRA CELEBRA, A LIBERDADE [97]

Não compartilho dos valores de Diego Armando Maradona, não compartilho daquilo que Maradona fez durante a sua vida, mas quem sou eu para julgá-lo? A minha opinião é apenas a minha opinião. A vida de Maradona é propriedade dele! Quem diabos sou eu para me intrometer em sua vida? Então, o primeiro ponto: a sua vida é, exclusivamente, propriedade sua.

Você acha que Maradona não pagou pelos excessos dos quais foi protagonista? Você é idiota ou se faz?

Um tipo com as características físicas de Maradona, que, praticamente, estava morto quando o recuperaram em Punta del Este no longínquo 2001, conseguiu viver mais vinte anos. Quantas vezes assistimos Maradona morrendo e ressuscitando? Também aqui haveria um capítulo a abrir, dado que muita gente se iludiu de que, talvez, Maradona fosse imortal; mas este ano de merda, 2020, também levou aquele que as pessoas consideravam uma espécie de super-herói imortal. Sim, senhor, tudo aconteceu na Argentina este ano!

Mas volto a repetir: Maradona pagou pelo que fez. Quando se drogou na Copa do Mundo nos Estados Unidos, levou um pé na bunda e foi desclassificado. Quando se drogava na Itália ou quando foi acusado de relações delicadas, outro pé na bunda mesmo ali, mesmo sendo ele o ídolo supremo da cidade de Nápoles.

Maradona pagou tanto que, com as qualidades que tinha e o dinheiro que ganhara, poderia ter vivido cem anos, mas morreu aos sessenta; logo, pagou com a própria vida. No mais, nestes últimos anos, pagou mostrando uma decadência física impressionante.

---

97. Manifestação de Milei após a morte de Maradona, a quem costumava chamar de "Maradroga". (N.T.)

Depois, ainda, há quem nos diga "não, mas olhe, ele era pedófilo". Fosse pedófilo, estaria preso, não? Pense em quantas acusações, às vezes falsas, ele recebeu nos últimos anos, em quantos problemas foi enredado nesses anos. Repito: cada um de nós é senhor das próprias opiniões; eu sou senhor das minhas e cada um pensa como quiser. Sobre este princípio se funda a liberdade de expressão.

Mas sabe qual é o problema? Muitas figuras, políticas ou não, para ganhar visibilidade, deleitavam-se em apedrejá-lo, porque qualquer coisa relativa a Maradona acabava perfazendo uma volta ao mundo, pois ele era o personagem mais famoso do globo terrestre. E ele sofria, sofria e, então, é claro, às vezes reagia e explodia, porque Maradona também era humano. Quantas vezes acontece de um indivíduo engolir sapos o tempo todo e, um belo dia, se rebelar e a imprensa noticiar apenas seus gestos precipitados, sem contextualizar o resto?

Repito, não estou justificando, mas eu tenho minha própria sensação, que é a de que Maradona não era um "péssimo elemento". E sabe por que o afirmo? Todos aqueles que foram seus companheiros, ou que compartilharam momentos da vida com ele, sim, todos o amam. Porque aquilo que ele transmitia ao grupo, a maneira como se comportava com eles foi muito apreciada. Também conto com a experiência pessoal de um parente meu, que trabalhou com Maradona quando foi treinador no México e sustenta as mesmas coisas. Sem falar naqueles que, de alguma forma, faziam parte de sua corte – talvez apenas para pegar algum dinheiro. Sempre foi assim.

Maradona fez coisas horríveis, coisas assustadoras, que eu nunca teria feito. No entanto, acho que há uma parte da crítica que é exagerada, que sempre viveu da luz refletida de Maradona, jogando sujo e preparando armadilhas para provocá-lo, apenas para conseguir alguns minutos de fama. A imprensa está cheia de gente que vive falsificando a verdade.

Bem, eu não endosso esses comportamentos hipócritas. Insisto em lembrar, sempre, que liberalismo é o respeito absoluto ao projeto de vida dos outros. Se isso é verdade, a vida de Maradona – na medida em que não se emporcalha de um crime – também deve ser respeitada. É por isso que algumas das críticas a ela são infundadas, especialmente quando são feitas por moralistas hipócritas.

Sabe por que Maradona levou 2 milhões de pessoas às ruas para ver o seu velório? Porque ele fez aquelas pessoas felizes!

Talvez tenham ficado felizes pelo gol impossível que ele marcou contra os ingleses no Mundial, em um momento no qual a Argentina, que se gaba de um certo nacionalismo, acabara de ser derrotada nas Malvinas. Maradona conseguiu a façanha sozinho, o "Davi" bonaerense aniquilou o "Golias" britânico! Nessa mesma partida, porém, vimos o supertalento de quem deixa seis jogadores no posto e marca gols, mas também o canalha que marca com a mão, representando os estigmas de um povo que faz da picardia, da maldade e da astúcia as suas características fundamentais.

No entanto, os hipócritas estúpidos, e entre eles os chamados liberais amarelos do "Cambiemos", não entendem por que uma massa popular saiu às ruas para celebrar o corpo de Maradona, a quem criticam independentemente disso. Caros idiotas, vocês sabem por que não entendem? Porque Maradona deu àquela gente humilde – que vocês desprezam – muita alegria; deu o sonho de quem espera se tornar como Maradona, ou seja, a miragem dos pobres que se elevam acima dos ricos, dos fracos que superam os fortes, exatamente o oposto do que faz a classe política, que promete mares e montanhas e, depois, não dá a mínima para o povo e o empobrece.

O político que insulta Maradona é o tipo de invejoso que não aceita os resultados do mercado de transferências, que elevou um futebolista a ídolo. No comportamento de certos imbecis, como os políticos liberais, estão as motivações que afundaram e levaram a desprezar aquelas ideias de libertação do poder, que são as únicas que permitem que aqueles que são mais vulneráveis (propriamente como os fãs de Maradona) encontrem um lugar no elevador social e melhorem seu *status* individual. Maradona se opõe à estúpida ideia elitista de que o liberalismo só pode ser elaborado e difundido nas academias.

Por isso, repito: Maradona deu ao povo – que encheu as ruas e praças para um último adeus ao "Pibe de Oro" – a felicidade, a alegria, a esperança de que qualquer um pode sair do buraco em que se encontra e chegar ao topo do mundo. E esse é o veredito do mercado, que o idiota político é incapaz de aceitar, porque considera o mercado uma coisa boa e louvável apenas quando o favorece pessoalmente.

Afirmo tudo isso em relação a um personagem, Diego Armando Maradona, de quem eu não gostava nem ao menos considero o melhor jogador de futebol de todos os tempos. No mais, estou falando de um indivíduo que se envolveu com os piores socialistas que apareceram sobre a Terra, patrocinando-os Era uma contradição em termos: tinha uma tatuagem de Che Guevara e ostentava um Rolex no pulso.

Mas o mercado tem julgado diferente do que é a minha opinião. Temos de tomar nota disso, respeitando quem pensa diferente de nós.

TERCEIRA PARTE

COM A PALAVRA, O PRIMEIRO PRESIDENTE LIBERTÁRIO DA HISTÓRIA

VIVA A LIBERDADE, CARALHO![98]

Senhores Ministros da Nação, Senhores Governadores, Senhores Deputados, Senadores Nacionais, Presidentes e destinatários estrangeiros e argentinos: Hoje, começa uma nova era na Argentina. Hoje, damos por concluído o longo e triste momento de decadência e damos início a um caminho de reconstrução do nosso país.

Nós, argentinos, de forma contundente, expressamos uma necessidade de mudança que já não tem volta. Não há forma de retrocedermos. Hoje, enterramos décadas de fracassos, de embates e disputas sem sentido; disputas cuja única coisa que conseguiram foi destruir o nosso país e nos deixarem na ruína. Hoje, começa uma nova era na Argentina: uma era de paz e prosperidade; uma era de crescimento e desenvolvimento; uma era de liberdade e progresso.

Há duzentos anos, um grupo de cidadãos argentinos reunidos em San Miguel de Tucumán disse ao mundo que as províncias unidas do Rio da Prata já não eram mais uma colônia espanhola; e que, a partir desse momento histórico, seríamos uma nação livre e soberana. Durante décadas, enfrentamo-nos em disputas internas sobre qual deveria ser a forma institucional adequada ao nosso país.

Em 1853, após muitos anos da independência, sob os auspícios de um pequeno grupo de jovens que, hoje, conhecemos como a "geração de 37", decidimos, como povo, abraçar as ideias da liberdade. Assim, sancionou-se uma Constituição liberal com o objetivo de garantirmos os objetivos da liberdade para nós, para a

---

98. Discurso proferido por Javier Milei por ocasião da sua posse como presidente da República Argentina em 10 de dezembro de 2023. (N.T.)

nossa posteridade e para todos os homens do mundo que queiram habitar o solo argentino. O que veio depois da sanção dessa Constituição de teor liberal foi a expansão econômica mais expressiva de toda a nossa história. Passamos de um país de bárbaros em guerra e sem quartel a ser a primeira potência mundial.

No começo do século XX, éramos nós a luz do Ocidente. Nossas fronteiras recebiam, de braços abertos, milhões de imigrantes que fugiam de uma Europa devastada buscando um horizonte de progresso. Infelizmente, nossos líderes decidiram abandonar o modelo que nos tornou ricos para abraçar as ideias empobrecedoras do coletivismo.

Por mais de cem anos, os políticos insistiram em defender um modelo que a única coisa que propicia é pobreza, estancamento, miséria. Um modelo que considera que os cidadãos existam, simplesmente, para servir à política e não que a política exista para servir aos cidadãos. Um modelo que considera a função de um político dirigir a vida dos indivíduos em todas as instâncias e esferas possíveis. Um modelo que considera o Estado o butim de guerra que deve ser distribuído entre os amigos. Esse modelo, senhores, fracassou. E fracassou no mundo inteiro, mas, especialmente, esse modelo fracassou em nosso país. Assim como a queda do Muro de Berlim marcou o final de uma era trágica para o mundo, essas eleições marcaram o ponto de ruptura na nossa história.

Nestes dias, falou-se muito sobre a herança que vamos receber. Deixe-me ser muito claro neste momento: nenhum governo recebeu pior herança do que a que estamos recebendo agora. O kirchnerismo, que, no início, se gabava dos seus métodos, se gabava do superávit interno e externo, hoje deixa-nos com grandes déficits de 17% do PIB. Ao mesmo tempo, desses dezessete pontos do PIB, quinze correspondem a um déficit consolidado entre o Tesouro e o Banco Central.

Portanto, não existe solução viável que evite atacar o déficit fiscal. Ao mesmo tempo, desses quinze pontos de déficit fiscal, cinco correspondem ao Tesouro Nacional e dez ao Banco Central, de forma que a solução exige, por um lado, um ajuste fiscal no setor público nacional de cinco pontos do PIB, que, ao contrário do que havia no passado, vai diminuir quase que totalmente e vai recair sobre o Estado e não sobre o setor privado.

Por outro lado, é necessário limpar os passivos remunerados do Banco Central, que são responsáveis por dez pontos do mesmo déficit. Dessa forma, daríamos fim à emissão de dinheiro e, com isso, à única causa, empiricamente certa e válida em termos teóricos, da inflação. Entretanto, considerando que a política monetária funciona com uma defasagem que oscila entre 18 e 24 meses, mesmo quando deixamos de emitir moeda continuamos pagando os custos do excesso de gastos. O fato de termos emitido vinte pontos do PIB, como fez o governo anterior, não vai ficar de graça; teremos que pagar com inflação.

Por sua vez, o castigo cambial, o sistema de restrição à compra de dólares que é outra herança desse governo, não apenas constitui um pesadelo social, mas implica altas taxas de juros, escasso nível de emprego formal e salários miseráveis que provocam o aumento de indigentes. E, além disso, o resto do dinheiro na economia é duas vezes superior ao que tínhamos antes.

Para que vocês entendam bem o que isso significa: o *Rodrigazo*[99] multiplicou por seis a taxa de inflação, de forma que um evento similar significaria multiplicar a taxa de inflação por doze. E, considerando um mesmo rumo com 300% da velocidade, poderíamos chegar a uma taxa anual de 3.600%. Paralelamente, dada a situação dos passivos remunerados do Banco Central, que é pior do que aquela que tínhamos antes do período de alta inflação de Alfonsín, em pouco tempo, poderíamos quadruplicar a quantidade de dinheiro, e, com isso levar a inflação a níveis anuais de 15.000%. Essa é a herança que estamos recebendo, uma inflação de 15.000% anual e contra a qual vamos lutar com unhas e dentes para eliminar.

Além desse número que parece um disparate, percebam que isso implica uma inflação mensal de 52%, enquanto, hoje mesmo, de acordo com estimativas privadas, encontra-se em um ritmo que oscila entre 20% e 40% mensais para os meses de dezembro a fevereiro. Isto é, o governo anterior nos deixou uma hiperinflação, e é nossa prioridade máxima fazer todos os esforços possíveis para evitar uma catástrofe tal que levaria, com certeza, muitos cidadãos à pobreza e elevaria a miséria acima de 50%.

Consequentemente, não há solução alternativa ao ajuste. Por outro lado, a herança não termina aí, uma vez que os desequilíbrios em tarifas são equiparáveis apenas ao desastre causado pelo kirchnerismo em 2015. No plano cambial, a brecha oscila entre 150% e 200%. Níveis equiparáveis aos que tínhamos à época do *Rodrigazo*. Por sua vez, as dívidas com importadores superam US$ 30 bilhões e os lucros retidos das empresas estrangeiras superam US$ 10 bilhões. As dívidas do Banco

---

99. Ver N.T. 75.

Central e do YPF[100] somam US$ 25 bilhões. A dívida pendente do Tesouro é de US$ 35 bilhões adicionais. Isso significa que a bomba, em termos de dívidas, é de US$ 100 bilhões. A isso devemos somar US$ 400 bilhões de dívidas existentes.

Naturalmente, devemos somar a esses problemas o vencimento da dívida neste ano. Esses vencimentos de dívidas, em pesos, equivalem a US$ 90 bilhões, mas, em moeda estrangeira com organismos multilaterais de crédito, US$ 25 bilhões. No entanto, com os mercados fechados e o acordo com o FMI sem conclusão em razão dos brutais inadimplementos do governo, o vencimento da dívida é muito desafiador, mesmo neste momento. Como se não bastasse, isso acontece em uma economia que não cresce desde 2011.

Como no ano anterior, o emprego formal no setor privado continua estancado em 6 milhões de postos de trabalho, chegando à loucura de estar ultrapassado em 33% pelo emprego informal. Por isso, não deveria nos surpreender que os salários reais tenham caído em torno de US$ 300 mensais, os quais não apenas são seis vezes menores quando convertidos, mas, ao se manter a tendência do anos anteriores à crise ou, como eles diziam, "o maldito neoliberalismo", oscilariam entre US$ 3 mil e US$ 3.500 ao mês. Acabaram com a nossa vida. Nos fizeram cair dez vezes. O salário caiu dez vezes. Por isso, não deveria nos surpreender que o populismo nos deixe com 45% de pobres e 10% de miseráveis.

Depois de apresentar essa situação a vocês, claramente fica evidente que não há alternativa possível ao ajuste. Também é indiscutível, em primeiro lugar, que todos os programas gradualistas acabaram mal, enquanto todos os programas de choque, salvo o de 1959, foram bem-sucedidos. Em segundo lugar, do ponto de vista teórico, se um país carece de reputação, como, infelizmente, é o caso da Argentina, os empresários não vão investir até verem o ajuste fiscal eliminando a recessão. Em terceiro lugar, e não menos importante, para existir gradualismo é importante que exista financiamento, e, infelizmente, eu preciso dizer isso novamente: não há dinheiro.

Adicionalmente, a conclusão é que não existe alternativa ao ajuste. Não há alternativa ao choque. Naturalmente, haverá um impacto negativo no nível da

---

100. Tal como a Petrobras no Brasil, a Yacimientos Petrolíferos Fiscales (YPF) é um complexo petroquímico argentino de economia mista (o Estado argentino detém 51% das ações e os 49% restantes estão listados na Bolsa de Valores de Buenos Aires) dedicado à exploração, produção, refino e comercialização de petróleo, gás natural e derivados, além de atuar na produção de eletricidade. (N.T.)

atividade, do emprego, dos salários reais, do número de pobres e miseráveis. Haverá inflação, é verdade, mas nada diferente do que aconteceu nos últimos doze anos. Lembrem-se de que, nos últimos doze anos, tivemos um PIB *per capita* que diminuiu 15% em um contexto no qual acumulamos uma inflação de 5 mil %. Faz mais de uma década que nós vivemos nessa situação. Portanto, esse é o último mal-estar antes da reconstrução da Argentina.

Por seu turno, depois de iniciada a reorganização macroeconômica – e ela será tanto menos dolorosa quanto melhor for a nossa contenção por parte do Ministério do Capital Humano – a situação começará a melhorar. Isto é, haverá luz no fim do túnel.

Alternativamente, a proposta progressista, cuja única fonte de financiamento era a emissão de moeda, levaria a uma hiperinflação que, somada a uma espiral que nos equipara à Venezuela de Chávez e Maduro, legaria ao país a maior crise de sua história. Portanto, depois do quadro situacional, não deve restar dúvida de que a única opção possível é a do ajuste; um ajuste organizado e que recaia, com toda a sua força, sobre o Estado e não sobre o setor privado.

Sabemos que será difícil. Por isso, eu gostaria de trazer uma frase muito importante e notável de um dos melhores presidentes da Argentina, Julio Argentino Roca: "Nada de grande, nada de estável e duradouro é alcançado no mundo quando se trata da liberdade dos homens e da gratidão das pessoas, se não for à custa de esforços supremos e sacrifícios dolorosos".

Mas os nossos desafios não terminam apenas em nível econômico. O nível de deterioração no nosso país é tal que abrange todas as esferas da vida comunitária. Em termos de segurança, a Argentina tornou-se um banho de sangue. Os criminosos ficam em liberdade enquanto os bons argentinos ficam presos atrás das grades. O tráfico de drogas tomou conta, lentamente, de nossas ruas a tal ponto que uma das cidades mais importantes do nosso país foi sequestrada pelo narcotráfico e pela violência. As nossas forças de segurança foram humilhadas durante décadas, abandonadas por uma classe política que virou as costas a quem cuida de nós. A anomia é tal que apenas 3% dos crimes são condenados. Agora, acabou o "siga em frente" aos criminosos.

Em matéria social, estamos recebendo um país onde metade da população é pobre, com o tecido social completamente rompido. Mais de 20 milhões de argentinos não conseguem viver uma vida digna porque são prisioneiros de um sistema que só gera mais pobreza. Como diz o grande Jesús Huerta de Soto, os planos *antipobreza* geram mais pobreza. A única maneira de sair da pobreza é com mais liberdade. Ao mesmo tempo, 6 milhões de crianças, nesta noite, vão dormir com fome; algumas andam descalças nas ruas e outras caíram nas drogas. O mesmo acontece em questões educacionais.

Para que tenham ideia da deterioração que vivemos, somente 16% das nossas crianças terminam a escola no tempo adequado: somente 16%, apenas 16%, só dezesseis em cada cem. Ou seja, 84% das nossas crianças não terminam a escola na idade certa e de forma adequada. Ao mesmo tempo, 70% das crianças que terminam a escola não conseguem resolver um problema básico de matemática ou compreender um texto. Na verdade, nas últimas avaliações do Pisa, a Argentina está classificada em 66º lugar entre 81; em sétimo lugar na América Latina; sendo que a Argentina foi o primeiro país a acabar com o analfabetismo no mundo. Se Sarmiento se levantasse e visse o que fizeram com a educação...

Em termos de saúde, o sistema está completamente colapsado. Hospitais são destruídos, médicos recebem uma miséria e os argentinos não têm acesso a cuidados básicos. Tanto é que, durante a pandemia, se nós, argentinos, tivéssemos feito coisas como a média dos países do mundo, teríamos tido 30 mil mortes. Mas, graças ao estado de descuido e ineficiência, 130 mil argentinos perderam a vida.

Em todas as esferas, para onde quer que se olhe, a situação da Argentina é emergencial. Se olharmos para a infraestrutura do nosso país, a situação é a mesma. Apenas 16% das nossas estradas estão pavimentadas e somente 11% delas estão em boas condições. Portanto, não é por acaso que cerca de 15 mil argentinos morrem a cada ano em acidentes de trânsito. O que quero ilustrar com tudo isso é que a situação da Argentina é crítica e emergencial. Não temos alternativas e também não temos tempo. Não temos espaço para discussões estéreis.

Nosso país exige ação, e ação imediata. A classe política deixou o país à beira da mais profunda crise. Cada um deles terá de lidar com sua própria responsabilidade. Não é meu trabalho apontá-los. Não buscamos nem desejamos as decisões difíceis que terão de ser tomadas nas próximas semanas, mas, infelizmente, eles não nos deixaram escolha. Contudo, nosso compromisso com os argentinos é inalterável. Vamos tomar todas as decisões necessárias para resolver o problema causado por cem anos de desperdício da classe política. Mesmo que seja difícil no início – e sabemos que, no curto prazo, a situação vai piorar. Mas, então, veremos os frutos dos nossos esforços, tendo criado as bases para um crescimento sólido e sustentável ao longo do tempo.

Sabemos também que nem tudo está perdido. Os desafios que temos são enormes, mas a nossa capacidade de superá-los também é. Não será fácil: cem anos de fracasso não são desfeitos em um dia. Mas em um dia se começa... E esse dia é hoje. Hoje, começamos a desatar o caminho da decadência e a trilhar o da prosperidade. Temos tudo para ser o país com que sempre sonhamos. Temos os recursos, temos as pessoas, temos a criatividade e, muito mais importante, temos a resiliência para progredir.

Hoje, abraçamos, mais uma vez, as ideias de liberdade, aquelas ideias que se resumem na definição de liberalismo do nosso maior herói das ideias de liberdade, o professor Alberto Venegas Lynch, qual seja, que "o liberalismo é o respeito irrestrito ao projeto de vida dos outros fundado no princípio da não agressão, da defesa do direito à vida, à liberdade e de propriedade, e cujas instituições fundamentais são a propriedade privada, os mercados livres de intervenção estatal, a livre concorrência, a divisão do trabalho e a cooperação social".

Nessa frase está resumida a essência do novo contrato social que os argentinos escolheram. Este novo contrato social oferece-nos um país diferente, um país onde o Estado não dirige as nossas vidas, mas, antes, salvaguarda os nossos direitos. Um país onde quem faz recebe. Um país no qual quem bloqueia a rua, violando os direitos dos seus concidadãos, não recebe assistência da sociedade; nos nossos termos, quem bloqueia rua nada recebe.

Nada é permitido fora da lei. Um país que contenha quem precisa e não se deixa extorquir por quem usa quem menos tem para enriquecer. Quanto à classe política argentina, quero lhes dizer que não viemos para perseguir ninguém, não viemos para resolver velhas vinganças nem para discutir espaços de poder.

O nosso projeto não é um projeto de pagamento de dívidas; o nosso projeto é um projeto de país. Não pedimos um acompanhamento cego, mas não toleraremos que a hipocrisia, a desonestidade ou a ambição de poder interfiram na mudança que nós, argentinos, escolhemos. Damos as boas-vindas a todos os líderes políticos, sindicais e empresariais que desejam ingressar na nova Argentina de braços abertos. Então, não importa de onde você venha; não importa o que você fez antes; a única coisa que importa é para onde você queira ir.

Àqueles que querem usar a violência ou a extorsão para provocar mudanças, diremos que estão contra nós. Diremos que vocês encontrarão um presidente com convicções inabaláveis que utilizará todos os recursos do Estado para avançar nas mudanças de que nosso país necessita. Não vamos desistir. Não vamos recuar. Vamos avançar nas mudanças de que o país necessita, porque temos a certeza de que abraçar as ideias da liberdade é a única forma de sairmos do buraco em que fomos colocados.

Obrigado.

O desafio que temos diante de nós é titânico, mas a verdadeira força de um povo se mede pela forma como ele enfrenta os desafios que surgem. E, a cada vez que pensarmos que a nossa capacidade de superar esses desafios foi alcançada, olhemos para o céu e lembremos que essa capacidade pode, muito bem, ser ilimitada. O desafio é enorme, mas vamos enfrentá-lo com convicção; trabalharemos incansavelmente e chegaremos ao nosso destino.

Não é por acaso que esta posse presidencial ocorre durante o feriado de Hanukkah, o festival da luz, uma vez que celebra a verdadeira essência da liberdade: a guerra dos macabeus é o símbolo do triunfo dos humildes sobre os poderosos, dos poucos sobre os muitos, da luz sobre as trevas e sobre todas as coisas, da verdade sobre as mentiras, porque todos sabem que prefiro contar uma incômoda verdade a uma confortável mentira. Estou convencido de que vamos avançar.

Lembro-me de quando, há dois anos, junto com a dra. Villaruel, hoje vice-presidente da nação, entramos nesta casa como deputados. Lembro-me de uma entrevista em que me disseram: "Mas se forem dois em 257, não poderão fazer nada". E lembro também que, naquele dia, a resposta foi uma citação do livro Macabeus (3,19), que diz que a vitória na batalha não depende do número de soldados, mas, sim, das forças que vêm do céu. Portanto, Deus abençoe os argentinos e que as forças do céu nos acompanhem neste desafio.

Muito obrigado.

Será difícil, mas vamos conseguir.

Viva a liberdade, caralho!

Viva a liberdade, caralho!

Viva a liberdade, caralho!

UM EMPRESÁRIO BEM-SUCEDIDO
É UM HERÓI[101]

Vou dizer a vocês que o Ocidente está em perigo. Está em perigo porque aqueles que supostamente deveriam defender os valores do Ocidente estão cooptados por uma visão de mundo que, inexoravelmente, leva ao socialismo e, consequentemente, à pobreza. Infelizmente, nas últimas décadas, uns motivados por alguns desejos benevolentes de querer ajudar o próximo e, outros, pelo desejo de querer pertencer a uma casta privilegiada, os principais líderes do mundo ocidental abandonaram o modelo de liberdade por diferentes versões do que chamamos de coletivismo.

Afirmo a vocês que os experimentos coletivistas nunca são a solução para os problemas que afligem os cidadãos do mundo, mas, ao contrário, são a sua causa. Acreditem em mim: ninguém melhor do que nós, argentinos, para testemunhar essas duas questões. Quando adotamos o modelo de liberdade por volta do ano de 1860, em 35 anos, tornamo-nos a primeira potência mundial, ao passo que, quando abraçamos o coletivismo, ao longo dos últimos cem anos, vimos como nossos cidadãos começaram a empobrecer sistematicamente, até cairmos à 140ª posição no mundo. Mas antes de podermos ter essa discussão, é importante que, primeiro, vejamos os dados que a sustentam, porque o capitalismo de livre mercado não é apenas um sistema possível para acabar com a pobreza no mundo, mas é o único sistema moralmente desejável para alcançar essa meta.

Se considerarmos a história do progresso econômico, podemos ver como, desde o ano 0 até o ano de 1800, aproximadamente, o PIB *per capita* mundial prati-

---

101. Discurso proferido por Javier Milei, presidente da República Argentina, no 54º Fórum Econômico Mundial realizado em Davos (Suíça), no dia 17 de janeiro de 2024. (N.T.)

camente permaneceu constante durante todo esse período. Se alguém olhar um gráfico da evolução do crescimento econômico ao longo da história, verá um gráfico com a forma de um taco de hóquei, uma função exponencial que permaneceu constante durante 90% do tempo e que disparou, extraordinariamente, a partir do século XIX. A única exceção a essa história de estagnação se deu no final do século XV, com a descoberta da América. Mas, tirando essa exceção, ao longo de todo o período, entre o ano 0 e o ano 1800, o PIB *per capita* global permaneceu estagnado.

Assim, não somente o capitalismo gerou uma explosão de riqueza desde o momento em que foi adotado como sistema econômico, mas, se analisarmos os dados, o que se observa é que o crescimento vem se acelerando ao longo de todo o período. Durante todo o intervalo compreendido entre o ano 0 e o ano de 1800, a taxa de crescimento do PIB *per capita* permaneceu estável em torno de 0,02% ao ano. Ou seja, praticamente sem crescimento. A partir do século XIX, com a Revolução Industrial, a taxa de crescimento passa para 0,66%. Nesse ritmo, seriam necessários 107 anos para duplicar o PIB *per capita*.

Agora, se observarmos o período de 1900 a 1950, a taxa de crescimento acelera para 1,66% ao ano. Não precisamos mais de 107 anos para duplicar o PIB *per capita*, mas, sim, de 66. E, se pegarmos o período compreendido entre 1950 e 2000, veremos que a taxa de crescimento foi de 2,1% ao ano, o que resultaria em apenas 33 anos para duplicar o PIB *per capita* mundial. Longe de parar, essa tendência permanece viva até hoje. Se pegarmos o período de 2000 a 2023, a taxa de crescimento acelerou, novamente, para 3% ao ano, o que significa que poderíamos duplicar nosso PIB *per capita* mundial em apenas 23 anos. Logo, ao estudarmos o PIB *per capita* desde o ano de 1800 até hoje, observamos que, depois da Revolução Industrial, o PIB *per capita* mundial multiplicou-se por mais de quinze vezes, gerando uma explosão de riqueza que retirou 90% da população mundial da pobreza.

Não devemos esquecer nunca que, até o ano de 1800, cerca de 95% da população mundial vivia na mais extrema pobreza, enquanto esse número caiu para 5% no ano de 2020, antes da pandemia. A conclusão é óbvia: longe de ser a causa dos nossos problemas, o capitalismo de livre mercado, como sistema econômico, é a única ferramenta de que dispomos para acabar com a fome, a pobreza e a miséria em toda a extensão do planeta. A evidência empírica é inquestionável. Por isso, como não há dúvida de que o capitalismo de livre mercado é superior em termos produtivos, a *doxa*[102] da esquerda tem atacado o capitalismo por suas questões morais, por ser, segundo eles, injusto. Dizem que o capitalismo é ruim, porque é individualista, e que o coletivismo é que é bom, porque é altruísta – com o [dinheiro] alheio. Consequentemente, defendem a justiça social, mas esse conceito que, no Primeiro Mundo, se tornou moda recentemente é, em meu país [Argentina], uma constante no discurso político há mais de oitenta anos. O problema é que a justiça social não é justa e não contribui para o bem-estar geral. Muito pelo contrário, é uma ideia intrinsecamente injusta, porque é violenta. É injusta porque o Estado se financia por meio de impostos e os impostos são cobrados coercitivamente. Ou alguém aqui pode dizer que paga impostos voluntariamente? [Isso] significa que o Estado se financia por meio da coerção, e quanto maior a carga tributária, maior é a coerção e menor é a liberdade.

Aqueles que promovem a justiça social partem da ideia de que a economia é como um bolo que pode ser distribuído de maneira diferente, mas esse bolo não está pronto, [trata-se] da riqueza que está sendo criada, no que, por exemplo, Israel Kirzner[103] chama de "processo de descobrimento de mercado". Se o bem ou serviço que uma empresa oferece não é desejado, essa empresa quebra, a menos que se adapte ao que o mercado está demandando. Se ela produz um produto de boa qualidade e a um bom preço, um preço atraente, ela terá sucesso e produzirá mais. Assim, o mercado é um processo de descobertas, no qual o capitalista encontra o caminho certo enquanto avança. Mas, se o Estado punir o capitalista por ter sucesso e tolhê-lo nesse processo de descobrimentos, destruirá seus incentivos, e a consequência disso é que ele vai produzir menos e o bolo será menor, causando prejuízo para toda a sociedade.

O coletivismo, ao inibir esses processos de descobrimento e dificultar a apropriação do que foi descoberto, amarra as mãos do empreendedor e o impede de

---

102. "δόξα" é uma palavra grega que significa crença, senso comum, opinião popular; dela se originaram as conhecidas palavras ortodoxia e heterodoxia. (N.T.)

103. Nascido em Londres em 1930 e radicado nos Estados Unidos desde a década de 1950, Israel Meir Kirzner é rabino ortodoxo e economista expoente da Escola Austríaca. Professor emérito de Economia na Universidade de Nova York e uma das principais autoridades no pensamento e na metodologia de economia de Ludwig von Mises, sua pesquisa e seus trabalhos sobre economia do empreendedorismo são amplamente reconhecidos. Seu livro *Competição e empreendedorismo* critica a teoria neoclássica por sua preocupação com o modelo da competição perfeita, que negligencia o importante papel do empresário na vida econômica. O trabalho de Kirzner integrando a ação empreendedora na economia neoclássica foi mais amplamente aceito do que quase qualquer outra ideia austríaca do final do século XX. (N.T.)

produzir bens melhores e oferecer melhores serviços a um preço mais atraente. Como é possível, então, que a academia, as organizações internacionais, a política e a teoria econômica demonizem um sistema econômico que não apenas tirou 90% da população mundial da pobreza extrema (e está fazendo isso a uma taxa cada vez maior), mas também é justo e moralmente superior?

Graças ao capitalismo de livre mercado, o mundo está, hoje, no seu melhor momento. Nunca houve, em toda a História, um momento de maior prosperidade do que este que vivemos hoje. O mundo de hoje é mais livre, mais rico, mais pacífico e mais próspero do que em qualquer outro momento de nossa História. Isso é verdade para todos, mas, especialmente, para aqueles países que são livres, onde se respeitam a liberdade econômica e os direitos de propriedade dos indivíduos. Porque esses países, que são livres, são doze vezes mais ricos do que os reprimidos. O décimo colocado em distribuição dos países livres vive melhor do que 90% da população dos países repressores e tem 25 vezes menos pessoas pobres e cinquenta vezes menos pessoas miseráveis. E, como se isso não bastasse, os cidadãos dos países livres vivem 25% mais do que os cidadãos dos países repressores.

Agora, para entender o que viemos defender, é importante definir do que estamos falando quando nos referimos a libertarianismo. Para defini-lo, retomo as palavras do maior defensor das ideias de liberdade da Argentina, o professor Alberto Benegas Lynch, que diz: "O libertarianismo é o respeito irrestrito ao projeto de vida do próximo, baseado no princípio da não agressão, na defesa do direito à vida, à liberdade e de propriedade, cujas instituições fundamentais são a propriedade privada, os mercados livres de intervenção estatal, a livre competição, a divisão do trabalho e a cooperação social".

Dito de outra forma, o capitalista é um benfeitor social que, longe de se apropriar da riqueza alheia, contribui para o bem-estar geral. Em última análise, um empresário bem-sucedido é um herói. Esse é o modelo que estamos propondo para a Argentina do futuro. Um modelo baseado nos princípios fundamentais do libertarianismo: a defesa da vida, da liberdade e da propriedade. Agora, se o capitalismo de livre mercado e a liberdade econômica foram ferramentas extraordinárias para acabar com a pobreza no mundo e nos encontramos, hoje, no melhor momento da História, por que, então, digo que o Ocidente está em perigo?

Digo que o Ocidente está em perigo justamente porque, nos países em que os valores do livre mercado, da propriedade privada e das demais instituições

TERCEIRA PARTE: Com a palavra, o primeiro presidente libertário da história

do libertarianismo deveriam ser defendidos, setores do *establishment* político e econômico, alguns por erros em seu plano teórico e outros por ambição de poder, vêm minando os fundamentos do libertarianismo, abrindo as portas para o socialismo e nos condenando, potencialmente, à pobreza, à miséria e ao estagnamento. Porque nunca se deve esquecer que o socialismo é sempre (e em todos os lugares) um fenômeno empobrecedor que fracassou em todos os países onde foi tentado. Foi um fracasso econômico. Foi um fracasso social. Foi um fracasso cultural. E, além disso, ceifou a vida de mais de 100 milhões de seres humanos. O problema essencial do Ocidente, hoje, é que não devemos enfrentar aqueles que, mesmo depois da queda do Muro de Berlim e da esmagadora evidência empírica, continuam a defender o socialismo empobrecedor. Também [temos que confrontar] nossos próprios líderes, pensadores e acadêmicos que, respaldados por uma estrutura teórica equivocada, minam os fundamentos do sistema que nos proporcionou a maior expansão de riqueza e prosperidade de nossa História.

A estrutura teórica ao qual me refiro é a da teoria econômica neoclássica, que cria um conjunto de ferramentas que, sem querer, acaba sendo funcional para a interferência do Estado, o socialismo e a degradação da sociedade. O problema dos neoclássicos é que, como o modelo pelo qual se apaixonaram não corresponde à realidade, eles atribuem o erro a supostas falhas de mercado em vez de revisar as premissas de seu modelo. Sob o pretexto de uma suposta falha de mercado, introduzem regulamentações que só geram distorções no sistema de preços, impedindo o cálculo econômico e, consequentemente, a poupança, o investimento e o crescimento. Esse problema reside essencialmente no fato de que nem mesmo os economistas supostamente libertários compreendem o que é mercado; soubessem, rapidamente notariam que é impossível existir falhas de mercado. O mercado não é uma curva de oferta e demanda em um gráfico. O mercado é um mecanismo de cooperação social no qual ocorrem trocas voluntárias. Portanto, dada essa definição, a falha de mercado é um oximoro. Não existe falha de mercado.

Se as transações são voluntárias, o único contexto em que poderia haver uma falha de mercado é havendo coerção. E o único com a capacidade de coagir de maneira generalizada é o Estado, que detém o monopólio da violência. Portanto, se alguém considera que há uma falha de mercado, recomendaria que verifique se há intervenção estatal no meio. Se descobrir que não há intervenção estatal, sugiro que reavalie a análise, pois, definitivamente, estará errada. Falhas de mercado não existem. Um exemplo de supostas falhas de mercado descritas pelos neoclássicos são as estruturas concentradas na economia. No entanto, sem funções que apresentem rendimentos crescentes de escala, cuja contrapartida são as estruturas concentradas na economia, não poderíamos explicar o crescimento econômico de 1800 até hoje. Vejam que interessante: desde o ano de 1800, com a população se multiplicando mais de oito ou nove vezes, o produto *per capita* cresceu mais de quinze vezes. Existem rendimentos crescentes, o que reduziu a pobreza extrema de 95% para 5%. No entanto, essa presença de rendimentos crescentes implica estruturas concentradas, o que seria chamado de monopólio.

Como algo que gerou tanto bem-estar para a teoria neoclássica pode ser considerado uma falha de mercado? Economistas neoclássicos, saiam da caixa. Quando o modelo falha, não é preciso ficar zangado com a realidade, é preciso ficar zangado com o modelo e mudá-lo. O dilema que o modelo neoclássico enfrenta é querer aprimorar o funcionamento do mercado atacando o que se consideram falhas, mas, com isso, não apenas são abertas as portas para o socialismo, bem como resta prejudicado o crescimento econômico. Por exemplo, regular monopólios, destruir seus lucros e aniquilar os rendimentos crescentes é destruir, automaticamente, o crescimento econômico. Em outras palavras, cada vez que vocês tentam corrigir uma suposta falha de mercado, inexoravelmente, por desconhecer o que é o mercado ou por terem se apaixonado por um modelo falido, estão abrindo as portas para o socialismo e condenando as pessoas à pobreza.

Todavia, diante da demonstração teórica de que a intervenção do Estado é prejudicial e da evidência empírica do seu fracasso, porque não poderia ser de outra forma, a solução proposta pelos coletivistas não é mais liberdade, mas, sim, mais regulamentação, gerando uma espiral descendente de regulamentações até que todos sejamos mais pobres e a vida de todos nós dependa de um burocrata sentado em um escritório luxuoso. Dados o retumbante fracasso dos modelos coletivistas e os inegáveis avanços do mundo livre, os socialistas foram forçados a mudar sua agenda. Eles abandonaram a luta de classes baseada no sistema econômico e a substituíram por outros supostos conflitos sociais igualmente prejudiciais para a vida em comunidade e para o crescimento econômico.

A primeira dessas novas batalhas foi a ridícula e antinatural luta entre homem e mulher. O libertarianismo já estabelece a igualdade entre os sexos. A base fundamental de nosso credo diz que todos os homens são criados iguais, que todos têm os mesmos direitos inalienáveis concedidos pelo criador, incluindo a vida, a liberdade e a propriedade. A única direção para a qual essa agenda do feminismo radical está evoluindo é para uma maior intervenção do Estado para atrapalhar o processo econômico, oferecer empregos a burocratas que não contribuem em nada para a sociedade, seja na forma de ministérios da mulher ou organizações internacionais dedicadas a promover essa agenda.

Outro conflito que os socialistas propõem é o do homem contra a natureza. Eles afirmam que os seres humanos prejudicam o planeta e que ele [o planeta] deve ser protegido a todo custo, mesmo defendendo mecanismos de controle populacional ou a agenda sangrenta do aborto. Infelizmente, essas ideias nocivas impregnaram fortemente em nossa sociedade. Os neomarxistas conseguiram cooptar o senso comum do Ocidente graças à apropriação dos meios de comunicação, da cultura, das universidades e de organizações internacionais. Felizmente, somos cada vez mais aqueles que se atrevem a levantar a voz porque vemos que, se não enfrentarmos diretamente essas ideias, o único destino possível é ter cada vez mais Estado, mais regulamentação, mais socialismo, mais pobreza, menos liberdade e, consequentemente, um pior padrão de vida.

O Ocidente, infelizmente, já começou a trilhar esse caminho. Sei que, para muitos, pode parecer ridículo dizer que o Ocidente se voltou para o socialismo. Mas isso só é ridículo enquanto nos restringimos à definição econômica tradicional de socialismo como um sistema econômico no qual o Estado é proprietário dos meios de produção. Essa definição deve ser atualizada dadas as circunstâncias presentes. Hoje, os Estados não precisam controlar diretamente os meios de produção para dominar cada aspecto da vida dos indivíduos. Com ferramentas como emissão monetária, endividamento, subsídios, controle da taxa de juros, controle de preços e regulamentações para corrigir supostas "falhas de mercado" eles podem controlar os destinos de milhões de seres humanos. É assim que chegamos em um ponto no qual, com diferentes nomes ou formas, as propostas políticas, geralmente exitosas na maioria dos países do Ocidente, são em grande parte variantes coletivistas... sejam declaradamente comunistas, socialistas, social-democratas, democratas cristãs, neokeynesianas, progressistas, populistas, nacionalistas ou globalistas. No fundo, não há diferenças substanciais: todas afirmam que o Estado deve dirigir todos os aspectos da vida dos indivíduos. Todas defendem um modelo oposto ao que levou a humanidade ao progresso mais espetacular de sua História.

Viemos, hoje, aqui para convidar os outros países do Ocidente a retomarem o caminho da prosperidade. A liberdade econômica, o governo limitado e o respeito irrestrito da propriedade privada são elementos essenciais para o crescimento econômico. Esse fenômeno de empobrecimento produzido pelo coletivismo não é uma fantasia nem é fatalismo. É uma realidade que os argentinos conhecem muito bem, porque já vivemos isso; já passamos por isso. Porque, como eu disse antes, desde que decidimos abandonar o modelo de liberdade que nos tornou ricos, estamos presos em uma espiral descendente na qual ficamos mais pobres a cada dia. Como mencionado, já vivemos isso e estamos aqui para alertá-los sobre o que pode acontecer se os países do Ocidente que se tornaram ricos com o modelo de liberdade continuarem por esse caminho de servidão. O caso argentino é a demonstração empírica de que não importa quão rico você seja, quanta riqueza natural você tenha, não importa quão capacitada seja a população, quão educada seja nem quantas barras de ouro existam nas arcas do Banco Central. Se forem tomadas medidas que atrapalhem o livre funcionamento dos mercados, a livre concorrência, os sistemas de preços livres; se o comércio for impedido; se a propriedade privada for prejudicada, o único destino possível é a pobreza.

Por fim, deixo uma mensagem para todos os empresários aqui presentes e para aqueles que nos assistem de todos os cantos do mundo: não se deixem intimidar nem pela classe política nem pelos parasitas que vivem do Estado. Não se entreguem a uma classe política que só quer se perpetuar no poder e manter seus privilégios. Vocês são benfeitores sociais. Vocês são heróis. Vocês são os criadores do período de prosperidade mais extraordinário que já vivemos. Que ninguém lhes diga que sua ambição é imoral. Se vocês ganham dinheiro, é porque oferecem um produto melhor a um preço melhor, contribuindo, assim, para o bem-estar geral. Não cedam ao avanço do Estado. O Estado não é a solução. O Estado é o problema em si. Vocês são os verdadeiros protagonistas dessa história. E saibam que, a partir de hoje, contam com um aliado inabalável na República Argentina.

Muito obrigado, e viva a liberdade, caralho!

ANEXOS

I.
ENTREVISTA CONCEDIDA POR MILEI A FACCO EM 2023

No dia 28 de outubro de 2023, dois dias antes da minha partida da Argentina, Karina Milei me ligou: "Amanhã de manhã, às 11 horas, você gostaria de uma entrevista com Javier?".

Minha resposta, depois de agradecer, foi instantânea: "Diga-me onde e lá estarei!".

Terminado o cotidiano e abundante café da manhã, gastei alguns euros para pegar mais um Uber e me dirigi ao bunker do *La Libertad Avanza*. No 21º andar do Hotel Libertador, acompanhado de um homem da segurança muito discreto, nem precisei bater à porta do quarto: Javier me esperava na entrada. Finalmente, depois de quase cinco anos de conversas amigáveis e colaborações improvisadas, nos abraçamos.

A suíte na qual o economista estava hospedado era grande o suficiente para acomodar as reuniões restritas da direção do seu partido. Na sala adjacente à entrada, havia espaço para um confortável sofá, uma mesa de centro, um par de poltronas e uma mesa oval rodeada de cadeiras, à qual nos sentamos de frente um para o outro, eu e o atual presidente, sem terceiros. Após os cumprimentos de praxe entre aqueles que, finalmente, se encontram pela primeira vez, coloquei o gravador na mesa e comecei a entrevistá-lo. Eis o resultado daqueles quarenta minutos de conversa. Finalmente...

* * * * *

[As falas de Leonardo Facco estão em itálico; as de Milei, entre aspas]

"Como você está Leonardo?"

Bem, obrigado, Javier. Depois de algumas oportunidades perdidas, eu, realmente, queria apertar a sua mão. Você está fazendo a história de liberdade, meu amigo. Eu sei o quanto você está atribulado, obrigado, do fundo do meu coração, pelo tempo que me dedica.

"Sem essa... É um prazer!"

Nós nos conhecemos há tempo, discutimos ideias libertárias, economia, antipolítica há anos. No entanto, em maio de 2021 você me disse: "Aqui não há alternativas, ou você pega em armas, mas não há condições, ou você entra na política". Em várias ocasiões, no entanto, você reiterou que é um minarquista no curto prazo e um anarquista no longo prazo. Nesses dois anos de experiência no Congresso, após a vitória na guerra cultural contra os marxistas, pôde confirmar que é possível ser um minarquista na política?

"Então, do meu ponto de vista, tomei consciência de que a guerra cultural, por si só, não é suficiente para obter resultados, é preciso colocar a mão na massa. Costumo usar um exemplo para explicar esse conceito: a seleção argentina de futebol. Pode-se ir ao estádio e perceber que o público é extremamente coreografado, os hinos são lindos, as bandeiras são coloridas e garantem um cenário maravilhoso. Mas, uma vez que a bola é colocada no meio-campo, os torcedores podem gritar a plenos pulmões, brandir suas bandeiras o quanto quiserem, mas a bola não se moverá, porque os gols quem faz é o Messi. Logo, se você não entrar em campo e chutar, não funciona, você não ganha. Este é um primeiro aspecto que aprendi. Poucos se dão conta das restrições que tive que suportar. Muita gente critica tudo, mesmo entre os liberais, sem entender o significado ideológico do exemplo que acabei de dar. Estamos rodeados de charlatães do teclado; enquanto eles intencionam olhar a modelo na internet, eu saí com a modelo. Em síntese, estou cada vez mais convencido de que, a certas coisas, é necessário tentar mudar a partir de dentro. Essa gentalha tem o monopólio da violência e a usa em seu favor, mas é interessante que aquilo que conseguimos fazer foi quebrar o associativismo que os une."

Durante esta campanha eleitoral, notei que fizeram o diabo com você, desde anunciar fraude contra você nas urnas, para detê-lo, até ver que o seu adversário, que é ministro, usou todo tipo de subsídios para ganhar votos. A imprensa, os sindicatos, as associações comerciais e uma miríade de outros partidos consideram-no um inimigo, não um adversário. Você se dá conta da força do deep state, *do estado profundo?*

"Certamente, mas pensar que as coisas mudam gritando de fora não muda nada! Pelo contrário, mesmo que percam as eleições, não perdem o emprego; se ganharem, pior, passam o poder uns para os outros e as pessoas acham que algo vai mudar sem que nada mude. É por isso que a nossa experiência é interessante, porque criamos uma estrutura do zero. Disseram que não conseguiríamos dar vida a um partido; depois, disseram que não iríamos eleger nenhum deputado; na sequência, disseram que, com dois deputados, não poderíamos fazer nada; sucessivamente, que não ultrapassaríamos a barreira das primárias; depois disso, alegaram que perderíamos, miseravelmente, para a esquerda, mas, agora, somos a segunda força política na Argentina. Quando repetiram as ladainhas acima, eu respondia citando um versículo de Macabeus: 'A vitória na guerra não depende da multidão das forças, mas é do Céu que vem a ajuda'. Por essa razão vejo com prazer todos aqueles brindes de propaganda, de camisetas a bonés, com as palavras 'As forças do céu'."

Uma das escolhas vencedoras que você fez, lembro que eu lhe havia também sugerido, foi a de não embolsar dinheiro público. Todo mês, você saca o seu salário de parlamentar e doa para um cidadão sorteado. Também sei que foi denunciado por isso.

"Sim, sim, foi uma ideia genial e maravilhosa que minha irmã teve. Sete deputados pediram a minha cassação por causa dessa minha decisão. Sabe por quê? Não somente porque, assim, mostrava, todos os meses, quanto um político ganhava mais do que um cidadão, mas também porque, quando o fizemos pela primeira vez em um evento público em Mar del Plata, um grande número de pessoas participou e mais de trinta jornais de todo o mundo falaram sobre isso, já que se tratava de um gesto nada convencional. Aquele momento representou o início de um efeito avalanche para nós: passamos a atrair cada vez mais multidões para as praças e o consenso político cresceu continuamente."

Apesar da fraude nas urnas perpetradas no primeiro turno das eleições?

"Olha, estamos diante de fatos escandalosos. Para além das 5 mil queixas que fizemos, há casos absurdos como o de eu ter obtido zero por cento em algumas seções eleitorais; em uma determinada seção, foram registrados 21 votos no *site* ministerial quando, na realidade, tivemos 121. E houve muitos casos realmente similares."

Mesmo assim, obteve 30% dos votos. E você chamou isso de sucesso.

"Com certeza! Nunca antes na história argentina um liberal obteve 30% dos votos em uma eleição presidencial."

Estou envolvido com o libertarianismo há mais de trinta anos, conheci, publiquei e acompanhei personalidades importantes, de Hoppe a Salin, até Ron Paul nos EUA, que também participou de duas eleições para a Casa Branca. Eu diria, no entanto, que ninguém, além da guerra cultural, jamais alcançou os resultados que você obteve.

"Ron Paul fazia parte do Partido Republicano dos Estados Unidos, uma situação diferente da minha; eu criei uma entidade política totalmente nova para concorrer à eleição. Outro aspecto único que nunca aconteceu em outros lugares – e me parece que Axel Kaiser e outros intelectuais espanhóis apontaram – é que eu apresentei o candidato ao público pelo que ele é, um economista liberal-libertário. Nunca dissimulei e/ou escondi do público o que sou e aquilo que farei uma vez eleito."

Voltemos à votação do último domingo. Você destacou que uma mensagem clara saiu das urnas: É hora de mudar a Argentina.

"Exato! Cinquenta e três por cento dos meus compatriotas escolheram dois partidos antagônicos ao kirchnerismo e ao peronismo, *La Libertad Avanza* e *Juntos Por El Cambio*. E é a primeira vez que mais da metade do eleitorado escolhe opções abertamente liberais. Isso é um fato histórico, é a primeira vez que isso acontece. Acredito que tanto Patricia Bullrich quanto Mauricio

Macri – que optaram por me apoiar no segundo turno – entenderam perfeitamente isso, perceberam que somos maioria. Dado que o candidato Schiaretti, que obteve 7% dos votos, também é oposição ao atual governo, acredito que estamos diante de uma oportunidade histórica, em que 60% dos argentinos querem um país diferente. É, portanto, uma oportunidade de reerguer a Argentina, de reconstruí-la."

Li, obviamente, as suas propostas eleitorais, um programa minárquico, que, no entanto, prevê, claramente, o fim do Banco Central, o que você sempre reivindicou. Pergunto-lhe se seus colegas de partido têm essa mesma convicção e, possivelmente, quem também o apoiará. Além disso, por um tempo, você afirmava que a abolição do Banco Central se daria por meio do projeto "Banco Simons". Hoje, no entanto, você lançou a ideia da "dolarização". Pode explicar como vai acabar com a inflação e em quanto tempo?

"Então, vamos tentar explicar: *Dolarização* é o nome vulgar que deram à minha proposta. Na realidade, a *dolarização* tem a ver com o momento no qual se liquida o Banco Central, o que envolve o resgate dos próprios passivos do banco, que, na Argentina, são chamados de 'Leliq', e a base monetária. Essa operação custa entre US$ 30 e US$ 40 bilhões, a depender do momento econômico no qual é realizada. A liquidação deve ser feita em alguma moeda e, como o mundo inteiro pensa em dólares, eis o porquê de *dolarização*. Logo, para liquidar o Banco Central, existem reservas, que, por sua vez, servem para liquidar a base monetária à qual se soma um conjunto de transações financeiras realizadas com os títulos públicos detidos pelo Banco Central para resgatar o 'Leliq'. Assim se constrói a solução do caso."

O que acontece depois?

"Há um debate sobre o modelo de banco a ser introduzido, se um sistema fracionário ou outro com base no modelo Banco Simons, estruturado de forma a evitar corridas bancárias, uma vez que esse modelo de banco é dividido em uma parte que é puro depósito de valor, com 100% de reserva bancária fracionária e no qual você paga uma taxa para manter o seu dinheiro ali; depois, há o banco de investimento, no qual uma pessoa coloca o dinheiro para render, recebe juros pelo dinheiro que deposita para ganhar conforme a taxa de mercado decidida. Quando quiser retirar o seu dinheiro, você o fará de acordo com o contrato assinado. Ora, alguém pode me dizer: mas o sistema de *dolarização* que você propõe pode levar a uma corrida bancária de qualquer maneira, já que, ao abolir o Banco Central, você não poderá mais imprimir moeda. Do ponto de vista teórico, isso faz sentido, mas do ponto de vista prático não. Se analisarmos os casos do Panamá, de Hong Kong e do Equador, temos a resposta: não houve nenhuma corrida, nenhum efeito manada, porque isso se manifesta quando há uma percepção real de perda, de expropriação do próprio capital. Portanto, repito, estamos diante de um risco puramente teórico que não se manifesta na realidade. Um segundo aspecto a ser levado em conta é que o setor financeiro privado na Argentina é minúsculo, o crédito do setor privado não chega a 7% do PIB. Logo, as chances de uma corrida bancária são muito reduzidas. Um outro aspecto a ser considerado em relação à impossibilidade de um efeito manada é o seguinte: aquilo que está funcionando no sistema financeiro argentino é puro capital de giro; dificilmente uma empresa vai retirar dinheiro do banco se a consequência for quebrar o mecanismo do capital de giro, o que colocaria em risco o funcionamento da própria empresa. Basicamente, em vez de esperar dois anos para limpar o Banco Central, que opera como banco de reservas fracionárias, e transformá-lo em Banco Simons, a transição do Banco Central, credor em última instância, para o Banco Simons pode ser feita imediatamente e em um ano, sem traumas. Obviamente, se o sistema financeiro argentino não fosse tão limitado, mas pesasse 100% do PIB em vez de 7%, as coisas seriam diferentes e a discussão seria outra. Acrescento: para mudar o modelo bancário, ou seja, de Banco Central para Banco Simons, seremos obrigados a rever cerca de 250 leis e demoraríamos, pelo menos, dois anos. Para além da teoria pura, dadas as condições do país e as experiências empíricas do passado, por que tenho que trilhar um caminho político tortuoso quando posso alcançar os mesmos resultados, de forma mais rápida e fácil, com riscos muito limitados?"

Sabendo como você pensa, considerando também que já ouvi você dizer isso em debates públicos, entendo que, quando fala em "dolarização", você fala em "desnacionalização da moeda".

> "Exatamente, você entendeu perfeitamente. É puro Hayek aplicado na Argentina."

Perfeito. Então eu lhe pergunto: "dolarizar" significa acabar com todas as taxas de câmbio que existem hoje para a moeda americana, uma vez que ela pode ser usada livremente pelos cidadãos sem que nenhuma lei a proíba? Além disso, já que você é um admirador do bitcoin, liberalizar a moeda, acabar com o monopólio estatal, significa também se abrir para o livre mercado do bitcoin e das criptomoedas em geral, permitindo, por exemplo, o uso de stablecoins?

> "A verdade é esta: você poderá fazer qualquer transação econômica na moeda que preferir usar! Se você fosse um petroleiro, sua moeda, provavelmente, faria referência ao WTI. Se você é um produtor de soja, o seu valor dependerá da Bolsa de Soja de Chicago. Se você trabalha no setor de energia, de gás por exemplo, sua referência será o BTU."

A moeda será, em resumo, aquela que as pessoas escolhem entre aquelas que propõe o mercado?

> "Assim mesmo. A metodologia contábil para o uso de moeda estrangeira se chama, tecnicamente, 'moeda funcional'."

Já que você não me respondeu antes, seus companheiros de viagem política concordam com tudo isso? Incluindo aqueles que escolheram apoiá-lo no segundo turno, ou seja, a sra. Bullrich e o engenheiro Macri?

> "Antes de tudo, deixe-me esclarecer uma coisa: não fiz nenhum acordo com Bullrich e Macri. Eles optaram por me apoiar incondicionalmente. Entre nós, há 90% de pontos programáticos que coincidem. Uma vez que nos colocamos como adversários nas eleições, temos de partir do fato de os

eleitores terem escolhido a proposta do *La Libertad Avanza* e não a deles, razão pela qual não tive de me comprometer com o *Juntos Por El Cambio*, porque os vencemos nas urnas. Depois disso, sou extremamente grato a Bullrich e a Macri por escolherem me apoiar, porque entenderam que, se quisessem acabar com o kirchnerismo, não tinham outro caminho a seguir. Em tudo isso, a eliminação do Banco Central é uma prioridade sobre a qual deixei muito claro não estar disposto a negociar, após o que veremos como as coisas evoluem. Uma vez posta de lado a contumácia política, quem sabe também eles se disponham a compreender a profundidade dessa minha proposta, à qual me dedicarei a explicar em cada detalhe. Não vejo nenhum inconveniente em esclarecer-lhes que, em primeiro lugar, minha ideia de reforma é baseada em uma questão moral, já que roubar não é uma virtude – e a senhoriagem, ou seja, a emissão de dinheiro para financiar o fisco, é furto, que afana cinco pontos percentuais do PIB por ano. Vejamos se conseguem me convencer do contrário."

E, depois, há as pessoas que, me parece, não querem o fardo.

"Na verdade, o seu valor tende a zero, o que faz com que o índice de preços tenda ao infinito. Além disso, gostaria de recordar que, nos últimos vinte anos, com esse dispositivo inflacionista, os políticos roubaram-nos US$ 280 bilhões! Só o último governo nos roubou US$ 90 bilhões, dos quais 25 bilhões apenas no ano passado. E isso seria justo? Não para mim; pelo contrário! Por todas essas razões morais e técnicas, estou disposto a conversar, conversar, conversar com aqueles que me apoiam para convencê-los da minha escolha."

Quanto à proposta que alguém lhe fez de tornar o Banco Central independente, você a rejeita liminarmente?

"Não existe independência do Banco Central. Os políticos sempre colocam as mãos nele."

Javier, você acredita que, com o seu programa, você vai conseguir recolocar a Argentina em pé e torná-la uma potência mundial novamente dentro dos próximos 35 anos. É claro que, se você ganhar, estará sob a lupa de todo o país e do mundo inteiro, especialmente daqueles que são seus inimigos. Sabe que o eleitor, o povo, não tem paciência e vai querer ver resultados no curto prazo, daqui a alguns anos?

> "Estou convencido de que, dentro de 24 meses, conseguiremos reduzir a inflação, abater a despesa pública, aumentar o poder de compra, dos salários, baixar impostos, desregular a economia, aumentar o bem-estar em geral. Entraremos em um círculo virtuoso de crescimento!"

* * * * *

Desligando o gravador, continuei o papo com Javier Milei de modo decididamente informal, relembrando as coisas boas que fizemos juntos e as suas inserções durante as assembleias do Movimento Libertário. Nada relacionado ao seu papel político.

À minha saída, ele me perguntou se eu estaria de volta para o segundo turno (realizado no último dia 19 de novembro). Eu disse a ele que não, infelizmente. "Que pena", reagiu ele já comigo em frente ao elevador que me levaria de volta ao saguão do Hotel Libertador. "Quer dizer que vamos nos rever no dia da minha posse", concluiu com um sorriso.

Milei, como já tive a oportunidade de contar, venceu o segundo turno. Ele foi o presidente mais votado desde a volta da democracia na Argentina há exatos quarenta anos. No dia 10 de dezembro, Javier passará a residir na Casa Rosada. Quem sabe se terei a chance de vê-lo novamente...

II.
ENTREVISTA CONCEDIDA POR MILEI A FACCO EM 2020

Quando me disse que teve uma infância difícil, o que você quis dizer?

"Eu tinha uma relação muito ruim com meu pai. Mas tudo aquilo que me aconteceu eu usei para crescer, inclusive os maus-tratos quando era pequeno. Vale dizer que, em vez de se ressentir e se justificar, acredito que todas as experiências negativas devem ser usadas para serem capitalizadas e seguirmos em frente para sermos e nos tornarmos uma pessoa melhor. Enfim, para lhe dizer: quando eu estava na universidade, na época do exame final, meu pai fez de tudo para me assediar psicologicamente e me fazer sair mal nas provas. Ele sempre me dizia que eu era incompetente, que eu estudava em uma faculdade insignificante. Ele disse que eu era inútil e que seria um fracasso. Ele queria que eu reagisse para deixar de me sustentar e, de fato, quando o fiz, ele parou de pagar minha faculdade."

História triste, me desculpe, mas você conseguiu mesmo assim.

"Graças a Deus consegui me impor em todas essas adversidades. Quando comecei meu último ano de faculdade, imaginando coisa do gênero, eu tinha acumulado dinheiro para me proteger de tal situação. Fiz um estágio no Banco Central quando estava no quarto ano da faculdade e, graças a isso, consegui me formar. De outro modo, teria perdido o ano e tudo teria sido mais complicado. Tem gente que vive reclamando, justificando seu fracasso, e eu preferi, em vez de chorar, estudar. Ia à biblioteca do Banco Central e me trancava nela. Minha resposta ao meu pai foi: Você me faz isso? E eu estudo mais."

O Banco Central? Aquele que, hoje, você gostaria de fechar?

"Bem, você sabe, depois de ler cinco vezes *A teoria geral do emprego, dos juros e do dinheiro* de Keynes, eu entendi muitas coisas. Além do fato de ter conhecido a Escola Austríaca de Economia, que me abriu os olhos. E tenha em mente que eu me intitulo um "economista-matemático": conheço bem os números, sei lê-los, sei bem o que são e como funcionam a macroeconomia e a econometria."

Em suma, você é uma 'pessoa do bem', com um certo histórico duro, mas sabe ser gentil. Não é que o seu personagem televisivo também é um filho do seu passado?

"Não. Você já viu o filme *A rosa púrpura do Cairo*? A garota se apaixona pelo personagem e o personagem sai do filme. No meu caso, é como se você visse *La Bohème* e, de repente, Rodolfo aparece, sai da ópera e começa a tomar vida. Sou uma espécie de personagem de Puccini, cuja vida é cheia de paixão. Não consigo conceber a vida sem paixão. Muitas vezes, o que acontece nos debates televisivos deve-se ao fato de haver pessoas que mentem, que fingem miséria. Tudo isso me exaspera. Quando você olha para os números, estuda, estuda e estuda e vê as consequências nefastas que isso tem sobre milhões de seres humanos, você se levanta, fica com raiva e, se necessário, pega e vai embora."

No entanto, você chegou ao estrelato. Como veio o sucesso?

"Depois de formado, fiz mestrado. Depois, trabalhei em um banco. Depois, em uma AFJP (*Administradora de Fondos de Jubilaciones y Pensiones*), gerenciando fundos de pensão. Nesse meio-tempo, consegui outro mestrado. Comecei a escrever artigos, mas tinha um trabalho como todos os outros. Até que, em algum momento, comecei a escrever ensaios populares e comecei a achar engraçado. Nesse contexto, conheci Guillermo Francos. Ele me contou sobre o projeto da Fundação Acordar e, lá, comecei a coordenar a equipe econômica. Coordenei o trabalho de 35 economistas com os quais elaboramos um programa econômico. Então, quando Daniel Scioli, ao invés de se libertar do kirchnerismo, se aproximou ainda mais de Cristina [Kirchner], aquela Fundação começou a perder o sentido. De fato, Scioli criou, então, outra fundação, a DAR, porque preferia abraçar ideias coletivistas a soluções liberais. Parte do trabalho que fizemos foi retrabalhada com Diego Giacomini e Federico Ferrelli Mazza e publicamos um livro chamado *Política econômica com relógio*. Quando o publicamos, decidimos levá-lo nós mesmos para os diferentes jornais. Fomos ao jornal *Perfil* conhecer o editor-chefe de economia, Rodolfo Barros, e Diego propôs, em vez de publicar um artigo, colocar a foto do livro com as assinaturas dos três. Eles gostaram e foi um sucesso. Poucos dias após sua publicação, eclodiu a crise causada pelo kirchnerismo."

E foi aí que a mídia conheceu você...

"Exato! Tem gente que tem me ajudado muito com a mídia. Por exemplo, Guillermo Nielsen. Foi ele quem conversou com a produção de Mariano Grondona para eu ser convidado na TV. Lembro que, quando fomos, com o Diego, no Grondona, tínhamos três livros. Naquele dia, meu nome era o assunto número um em todos os lugares. Martín Tetaz e Matías Tombolini me ajudaram muito. A grande popularidade veio quando fui ao Alejandro Fantino e quando fui ao programa chamado *Intratables*. Nesse momento, as pessoas começaram a me seguir em todos os lugares. Eu tiro pelo menos cinquenta *selfies* por dia com meus seguidores, sempre mando mensagens, porque eles me pedem para gravar uma saudação para eles. Passei de uma conversa com trinta caras para quinhentas — 1500 pessoas em auditório."

E você criou um personagem...

"Não, eu não sou um personagem, eu sou apenas o que você vê!"

Mas você não é tão "louco" como parece na televisão, pelo contrário...

"Tenta me agredir que você vai ver."

Então, para que você diga aquilo que diz, ou seja, para ter as suas posições precisas explicadas com grande rigor científico, não é necessário agredi-lo?

[Gargalhada] "Não! Absolutamente não! Sou libertário e acredito no respeito ao projeto de vida dos outros sem restrições. Se você não fizer nada comigo, eu não farei nada com você. Agora, se você me pegar pelo pescoço, eu te respondo como eu sei."

E não o angustia nem um pouco ter que entrar em certas brigas?

"De jeito nenhum. Eu discuto ideias, não pessoas."

Mas algumas brigas acontecem, eu já vi.

"Não é problema meu, são eles que, sem argumentos, abrem as suas janelas e começam a atirar falácias *ad hominem* e eu não me esquivo do embate."

Ouvi um sujeito lhe dizer: "Com aquela peruca na cabeça, você nem deveria falar". Como você reagiu a ele?

"Diante de um tema tão estúpido, o que você faz? Ri na cara dele e comprova que ele é um subnormal! Se ele usou esse argumento, é porque não está lá com a cabeça. Incomoda você usar o cabelo comprido? Você se incomoda em usar roupas listradas? Você se incomoda em usar uma linguagem simples? Eu não dou a mínima. Responda-me no nível das ideias se for capaz de o fazer! A verdade é que minhas ideias não podem ser refutadas em nenhum debate."

Nunca?

"Nunca!"

É verdade que você nunca penteia o cabelo?

"Verdade. Saio do chuveiro, passo uma toalha por cima e, depois, se entro no carro, deixo o vento pentear meu cabelo. Sabe como é... É a mão invisível que cuida do meu penteado."

Soube que os seus adversários tentam rotulá-lo como um economista pouco sério.

"A TV está cheia de pessoas à sua maneira, muito formais, politicamente corretas, até sérias, mas suas intervenções são completamente inadequadas. Olhe para as minhas gravações dos últimos sete anos e me diga: você vai ver que sou endossado pelos resultados. Há uma série de vídeos chamada *Milei em modo Nostradamus* por causa das minhas previsões. Acho que não há nenhum economista que possa se gabar de três ou quatro vídeos assim."

E a luta para defender e difundir as ideias de liberdade?

"Acho que é um dever, porque o mais importante é que a sociedade se convença da bondade das nossas ideias. A guerra cultural deve ser travada, simplesmente porque os resultados, até hoje, são insuficientes. Se você não consegue fazer as pessoas entenderem a lógica de por que elas devem se concentrar em ideias de liberdade e não abraçar outras sugestões políticas, os resultados desaparecem. O melhor exemplo é a Argentina: a situação no final dos anos 1980 com a hiperinflação permitiu um ambiente para fazer reformas em favor do livre mercado, mas, depois, quando veio outra crise, voltamos às ideias que destruíram o país. E não é só uma questão de resultados. Ou seja, os resultados não são suficientes se os socialistas continuarem a se arrogar a superioridade moral. Na verdade, a discussão deve incluir não apenas os resultados, mas também o debate sobre a superioridade ética e moral das ideias libertárias."

Qual seria a superioridade que você atribui ao libertarianismo, quando o socialismo se apresenta como uma doutrina cuja preocupação central é o próximo, dentro de um quadro social, usando o Estado como escudo para proteger os mais indefesos?

"Em princípio, a simples proposta de colocar o coletivo acima do indivíduo acaba por massacrar o indivíduo. Afirmar a igualdade entre nós, que somos diversos, é um ato que envolve um nível enorme de violência. Suponhamos que você seja o governante de uma sociedade e queira que todos sejam igualmente inteligentes. Em suma, você pretende criar um indivíduo médio, e aqueles que estão acima da média, toda vez que têm um pensamento elevado e vencedor, recebem um choque elétrico. Em síntese, se os socialistas encontrassem alguém com a inteligência de Einstein, o condenariam à cadeira elétrica. Os valores professados pelos socialistas são inconsistentes. Não conseguem entender que os coletivos também são formados por indivíduos que agem. Eles não conhecem o tratado de Mises sobre economia, *Ação humana*. Para progredir, é preciso focar em valores de um e de outro lado. Nos desvalores morais socialistas, vemos inveja, ódio, ressentimento, tratamento injusto da lei, roubo e, sobretudo, assassinato. Não se deve esquecer que a sua ideia estúpida custou a vida de mais de 100 milhões de seres humanos. Além disso, note-se que, apesar de todos os fracassos do socialismo, não há um único país em que ele tenha sido aplicado no qual a desculpa não seja, sempre, a de que ele não foi bem aplicado. O socialismo é baseado em uma falsa teoria econômica, a teoria do valor do trabalho, uma teoria absurda."

Em resumo: entre capitalismo e socialismo, por que o primeiro é melhor?

"Porque o capitalismo é ético, enquanto o socialismo é imoral. O capitalismo é superior seja do ponto de vista quantitativo, pois cria mais riqueza em geral, seja dos pontos de vista ético e moral, porque se funda na cooperação, no livre-comércio e na não agressão dos direitos de propriedade; o é também do ponto de vista estético: basta olhar o horizonte de Nova York e compará-lo com Pyongyang para confirmar. Eu o detalhei bem no meu ensaio que foi publicado sobre o *Muro de Berlim e seus escombros*."

Há políticos que defendem que a redistribuição é necessária para manter a paz social, isto é, que a paz social seria o resultado da redistribuição. O que você acha disso?

"Parece-me que estejam convalidando a existência da inveja. Em outras palavras, se eu sou um desajustado que não suporta o seu bem-estar e, como resultado, vou enlouquecer e posso até matar, você, então, deve me pegar pela mão e me dar seus bens para me acalmar. É um absurdo. Se o Estado não se intromete em seus assuntos, os incentivos gerados pela ordem espontânea

> são os corretos. Porque, no capitalismo, não se tem sucesso se não se serve o seu próximo com bens de melhor qualidade a melhores preços."

O que você acha dos políticos?

> "Não tenho uma avaliação positiva deles, nem da política como atividade."

E você não acha que temos que passar por uma fase em que as ideias liberais, especialmente se vivemos em uma democracia, devem ser representadas e incorporadas pela política para avançar em direção a uma sociedade anarcocapitalista?

> "Eu não idealizaria a democracia; a democracia tem problemas de coerência, vide o teorema da impossibilidade de Arrow. Há vícios como o populismo, a respeito do qual teria minhas fortes reservas acerca do mecanismo pelo qual a sociedade seja ordenada. Não sou um construtivista, sou anarcocapitalista."

Você é um gênio, Javier?

> "Não. Não sou um gênio. Faço muito bem o meu trabalho. Tive muita sorte de sempre conhecer pessoas muito interessantes. Sou libertário, porque fui até o fim em tudo. Não sou porque meu pai mandou. A vida me fez assim."

Quando você se interessou por economia?

> "Quando eu tinha onze anos, decidi que queria ser economista. Em meio à crise cambial conhecida como *Tablita*,[104] cercada de todos os problemas que existiam. As pessoas que estavam muito bem de repente começaram a viver momentos terríveis, e lembro que meu pai foi atingido."

---

104. Tablita Machinea foi o método de cálculo em forma de tabela elaborado pelo então ministro da Economia argentino José Luis Machinea, em 1999, para definir quanto os funcionários poderiam deduzir no pagamento do imposto de renda. Como efeito, aumentou a pressão tributária e provocou situações inusitadas, como a fuga de horas extras e pedidos de não aumento salarial a fim de se evitar uma tungada tributária superior ao aumento. (N.T.)

Você, de alguma forma, internalizou o "sonho americano" que seu pai viveu?

"Todos podem ensinar algo na sua vida. O problema é o que você faz com a aula que frequenta. Eu sempre poderia repudiar meu pai, dizendo coisas assustadoras sobre ele, mas prefiro lembrá-lo como um trabalhador que conseguiu progredir e superar situações muito adversas. Fiz, da necessidade, virtude diante das suas agressões físicas, que me ensinaram a não ter medo de nada. E do abuso psicológico que sofri aprendi a tomar decisões em situações de risco. Quando todo mundo está sob pressão, eu resolvo o problema. Só tenho um lamento: não ter conhecido minha avó materna, uma mulher respeitável, filha de imigrantes italianos, viúva aos catorze anos, uma grande lutadora."

E, agora, você está capitalizando a fama que tem...

"Sim e também é muito divertido. Quando fui à Feira do Livro, as pessoas começaram a gritar: 'Oh, Keynes você é um ladrão, você é um ladrão, você é um ladrão'. Toda vez que apresento o livro *Desmascarando la mentira keynesiana*, canto esse refrão com o público. Eu me divirto muito. Minha peça teatral foi um sucesso, e agora sou convidado em toda a América Latina para dar palestras."

Tem até quem te imite na TV agora...

[Gargalhada] "Sim! Eles criaram uma personagem caricatural chamado *Mileidi*.[105] Cheguei a debater com ele em algumas ocasiões."

Você não fala com seus pais há anos, mas fala com a sua irmã?

"Minha irmã é uma pessoa formidável! Entre as pessoas mais fantásticas da Terra!"

---

105. Imitação de Milei no programa *Pelligro, Sin Codificar*, humorístico da emissora Telefe. (N.T.)

III.
PREFÁCIO AO LIVRO *DESMASCARANDO LA MENTIRA KEYNESIANA*, DE JAVIER MILEI

por **DIEGO GIACOMINI**

Meu (em primeiro lugar) amigo, colega e associado Javier Gerardo Milei pediu-me para escrever algumas palavras para o seu formidável livro *Desmascarando a mentira keynesiana*. Um pedido que me encheu de orgulho pessoal e profissional, que aceitei sem ignorar tratar-se de um enorme desafio. Por que um desafio? Porque sinto a obrigação de tentar transmitir ao leitor tudo o que está "por trás" e "dentro" do seu livro. E, acredite, tudo por trás do seu livro é enorme, o que representa, de forma clara e simples, Javier elevado à "enésima potência" em forma de papel.

Do ponto de vista pessoal, talvez ninguém saiba tanto quanto eu o que seu livro implica (de acordo com a definição mais ampla da própria palavra) para ele mesmo. Por trás do livro, há anos de leitura, estudo, debate e análise. Por trás do livro, há a paixão de Javier, todo o amor do autor pela ciência econômica. Amor incondicional a qualquer hora e em qualquer lugar. E, quando falo de amor, não estou exagerando. Porque amar é dar sem pedir nada em troca. E é exatamente isso que Javier faz em nossa ciência. Javier se entrega à economia, à nossa profissão, total e incondicionalmente. Javier respira e transpira economia; Javier vive para a economia; e tudo isso fica evidente em toda a sua obra.

Milei, por exemplo, sempre explica que existem três Milton Friedman: o acadêmico Friedman, o conferencista Friedman e o popularizador Friedman. Enquanto Javier Gerardo avalia os três Friedman, segundo a sua análise, a figura do conferencista Friedman é a de maior valor intelectual. Não me surpreende seu ponto de vista, pois o Friedman dos discursos públicos é o Friedman mais parecido com a Escola Austríaca, é aquele Friedman que permite que os austríacos sejam salvos do esquecimento para lhes entregar a vitória intelectual, como demonstrado em

Desmascarando a mentira keynesiana. Permitindo-me traçar um paralelo, explico sempre que são três Milei: o Milei da mídia, o Milei das conferências e o Milei teórico. O primeiro é o mais generoso dos três. É aquele que apenas tenta dar, sem medir os ataques, as agressões que sofre ou os custos a assumir. Um Milei que contribui à sociedade de massas. Pessoalmente, o que eu prefiro é o terceiro Milei, o Milei teórico. Agora há um quarto, o de presidente de um grande país como a Argentina e, talvez, ele possa ser o melhor, mas, aqui, devemos esperar para vê-lo, realmente, em ação.

O Milei teórico é o Milei criativo. Segundo minha análise, o Milei teórico é o Milei mais importante dos quatro, já que os outros três não poderiam existir sem o Milei teórico. Além disso, ouso dizer que o Milei teórico vive subsidiando o Milei midiático e o conferencista e também vai subsidiar o Milei presidente. E é justamente o Milei teórico e criativo o Javier Milei que você descobrirá no livro do qual escrevo, que, como sempre digo, mostra que "Javier é o economista argentino com a formação mais teórica e o maior conhecimento da história do pensamento econômico".

Seu livro é inovador, porque nos mostra, com grande rigor científico, que a maior parte do que nos foi ensinado nas universidades e nos livros didáticos de macroeconomia não é verdade. Isso nos permite entender que tudo o que pensávamos estar certo está, na verdade, errado. Javier Gerardo Milei nos mostra que aqueles que pensávamos serem bons (Keynes) eram, na verdade, maus. E que aqueles que pensávamos serem maus (Friedman) eram na verdade os bons. Tudo isso, no entanto, não é o aspecto mais perturbador de *Keynes, Friedman e do triunfo da Escola Austríaca*. Pelo contrário, o mais perturbador de seu livro é que ele mostra e explica que aqueles que mais sabem sobre economia (os austríacos), e estão, majoritariamente, certos em sua abordagem, são cavalheiros que a maioria dos economistas na Argentina não apenas não conhece, mas nem ao menos sabe que existem. A Escola Austríaca é, geralmente, ignorada nas faculdades das nossas universidades.

Em suma, *Desmascarando a mentira keynesiana* é um livro que, com a teoria econômica, destrói e traz um olhar crítico ao paradigma econômico e político predominante em nossa profissão, ajudando a entender a origem e as razões pelas quais o autor é frequentemente atacado e agredido pela maioria de seus colegas e atores políticos.

Javier mostra como a obra *A teoria geral do emprego, dos juros e do dinheiro*, escrita, em 1936, por John Maynard Keynes, destruiu o conhecimento e a teoria econômica acumulados ao longo de trezentos anos, fazendo a ciência econômica retroceder cinquenta anos e nos mergulhando em discussões sem sentido que levaram à estagflação e à perda de bem-estar. Mostra também como Milton Friedman, figura demonizada pela mídia, dedicou sua vida e sua obra profissional a refundar nossa ciência, retomando as bases microeconômicas e a bondade das leis do mercado, salvando-a do obscurantismo keynesiano carente de um corpo de análise sistêmica como a Escola Austríaca.

Desmascarando-a como mentira keynesiana, Javier Gerardo Milei construiu duas novas e fundamentais pontes teóricas. A primeira ponte foi traçada entre Friedman/Robert Lucas Jr. e a Escola Austríaca. Essa ponte permite explicar, mostrar e demonstrar os benefícios da teoria austríaca como paradigma de análise teórica rigorosa. A segunda ponte estabelece uma ligação entre a Escola Austríaca e as teorias do crescimento econômico, uma especialidade de Javier.

IV.
PLATAFORMA ELEITORAL NACIONAL DE 2023

A seguir, o programa eleitoral com o qual Javier Milei concorreu e venceu, com um resultado nunca antes visto, as eleições presidenciais na Argentina em 2023, convencendo milhões de argentinos a confiarem nele para reformar o país.

LA LIBERTAD AVANZA

(A LIBERDADE AVANÇA)

BASES DE AÇÃO POLÍTICA E
PLATAFORMA ELEITORAL NACIONAL
2023

O liberalismo é o respeito ilimitado ao projeto de vida dos outros, baseado no princípio da não agressão e na defesa do direito à vida, à liberdade e de propriedade. As suas instituições fundamentais são o livre mercado estatal, a livre concorrência, a divisão do trabalho e a cooperação social.

À luz do conceito acima, pressuposto fundamental para o exercício da própria atividade política no território da República Argentina, a aliança *La Libertad Avanza* – que aspira à candidatura de Javier Milei à presidência da nação em 2023 – propõe as seguintes Bases da Ação Política e a presente Plataforma Eleitoral Nacional.

MISSÃO

La Libertad Avanza é uma aliança de governo que reúne, convoca e se dirige a homens e mulheres de todos os estratos sociais, composta de diferentes partidos políticos e criada para promover políticas liberais que contribuam para a decolagem econômica, política, cultural e social de que nós, argentinos, precisamos para voltarmos a ser o país próspero que fomos no início do século XX.

VISÃO

La Libertad Avanza propõe um governo que favoreça o desenvolvimento pessoal de seus habitantes, garantindo as liberdades conferidas pela Constituição nacional e que respeite e incentive o esforço e o mérito. A administração apropriada das áreas de governo fornecerá as ferramentas necessárias para o pleno desenvolvimento das pessoas em um contexto social e econômico que reivindique os valores do pensamento autônomo, crítico e livre; que fomente a cultura de cidadãos criativos e racionais; que transmita valores que requerem crescimento pessoal e coletivo, para que possamos nos projetar como uma sociedade moderna, confiável e próspera.

VALORES

Com *La Libertad Avanza* promovemos a eficiência, a transparência, a meritocracia, o compromisso pessoal, a defesa do direito à vida desde a concepção, o respeito às regras e a honestidade na administração dos recursos públicos como pré-requisitos fundamentais para alcançar uma sociedade justa, próspera e moderna, em que seus habitantes se sintam orgulhosos de pertencer ao Partido Federal da Renovação e de seguir o caminho do crescimento, na realização dos objetivos pessoais e coletivos.

DIAGNÓSTICO E PLATAFORMA NACIONAL ELEITORAL

No início do século passado, a matriz produtiva argentina foi mantida graças ao esforço, trabalho e motivação para o avanço social de sua classe média trabalhadora (invejada no resto do mundo), que, graças a sacrifícios pessoais e coletivos, encontrou, nesta "terra prometida", o lugar de crescimento que lhes fora negado nos seus países de origem.

Os governos populistas e totalitários que marcaram a mudança de época em meados do século passado contribuíram para o afrouxamento desse modo de viver e trabalhar. A interferência do Estado paternalista, que fornecia bens de capital aos seus habitantes, inibiu a iniciativa privada de crescimento da classe média e, basicamente, das classes mais baixas e carentes, e levou ao relaxamento dos esforços que nos colocaram na situação atual: 50% da população abaixo da linha da pobreza, uma diminuição drástica no número de empresas privadas argentinas, taxas de analfabetismo que eram impensáveis quando, no século passado, fomos o primeiro país do mundo a erradicá-la, situação na qual a maioria dos egressos do sistema educacional hoje não compreende os textos que leem, assiste-se à fuga de cérebros e de jovens em busca de um futuro melhor, além dos altos índices de desnutrição infantil devido à falta de esgoto e de água potável.

As políticas populistas, que pareciam animadas por boas intenções, revelaram-se produto de um planejamento asfixiante para garantir o entrincheiramento e o poder de quem as aplicava, e que as sucessivas oposições "não foram capazes, não quiseram ou não conseguiram" reverter, agravando, ainda mais, o problema.

Esse Estado paternalista tem competido com a iniciativa privada das empresas, dos indivíduos e, principalmente, dos jovens, que acabaram falindo ou deixando o país em busca não só de melhores condições econômicas, jurídicas e profissionais, mas também de esperança e crescimento.

Mais de setenta anos se passaram, e a reversão da tendência e a implementação da necessária reforma global custarão, segundo as projeções da *La Libertad Avanza*, 35 anos de tempo e esforços em três fases sucessivas.

A primeira fase envolve um corte acentuado nos gastos públicos estatais e uma reforma tributária que empurre para a redução de impostos, a flexibilização do trabalho para criar empregos no setor privado e uma abertura unilateral ao comércio internacional. Tal seria acompanhado por uma reforma financeira destinada a promover um sistema bancário livre e desregulamentado e a livre concorrência no setor monetário.

No que concerne à segunda fase, propõe-se uma reforma da Previdência para cortar gastos do Estado com aposentadorias e a idade de aposentadoria, os itens que mais aumentam o déficit fiscal, incentivando um sistema de capitalização privada, além de um programa de aposentadoria voluntária para servidores públicos e um enxugamento do Estado. Além disso, propõe-se reduzir o número de ministérios para oito. Nesta fase, os planos sociais começarão a ser eliminados gradualmente, à medida que mais receitas sejam geradas através da criação de empregos no setor privado, da liquidação do Banco Central da República Argentina, do estabelecimento de um sistema bancário Simons, com reservas obrigatórias de 100% para os depósitos à vista.

Finalmente, a terceira fase prevê uma reforma profunda do sistema de saúde com a promoção do sistema privado, a livre concorrência entre as empresas do setor, uma reforma do sistema educacional e a extensão de um sistema de segurança não invasivo para a população e a eliminação da coparticipação [entre o Estado e as províncias etc.].

REFORMA ECONÔMICA

No mérito, preveem-se:

1. Eliminação de gastos improdutivos do Estado.
2. Otimização e redução do Estado.
3. Incentivos para a criação de empregos reais e de qualidade.
4. Privatização de empresas públicas deficitárias.
5. Promoção do investimento privado.
6. Expansão da rede rodoviária nacional, interligando as diferentes opções de transporte, de modo a facilitar a transferência e o intercâmbio de mercadorias em níveis local, interprovincial e internacional; previsão de novos investimentos e valorização dos já existentes.
7. Criação de portos e aeroportos em postos-chave do país, bem como a melhoria dos já existentes.
8. Melhora das rodovias e estradas com investimento privado para promover o intercâmbio de produtos com os países da região, províncias e municípios.
9. Revisão dos contratos de locação de imóveis que o Estado paga pela sua utilização e sua substituição por propriedades inativas do Estado.
10. Incentivo ao investimento privado na construção de obras que promovam o comércio e a economia regional e incentivo ao intercâmbio de produtos em todo o país.
11. Em uma terceira fase, a eliminação do Banco Central.
12. Concorrência cambial que permita aos cidadãos escolher, livremente, o sistema monetário ou a dolarização da economia.
13. Liberação, imediata, de todos os tipos de câmbio, acabando, assim, com as restrições.
14. Eliminação de impostos de exportação e taxas sobre importação.
15. Unificação da taxa de câmbio.
16. Promoção, em todo o território nacional, de um sistema de direito de locação que preveja o acordo entre as partes sobre as condições meteorológicas, as atualizações, a moeda a utilizar etc.

REFORMA TRIBUTÁRIA

1. Eliminação e redução de tributos para incentivar o desenvolvimento dos processos produtivos realizados por atividades privadas e promover a exportação de bens e serviços.
2. Eliminação de taxas de exportação ou impostos retidos na fonte.
3. Financiamento estatal baseado em um sistema de *royalties* e concessões para a exploração de recursos naturais.

REFORMA TRABALHISTA

1. Promoção de uma nova lei sobre contratos de trabalho sem efeito retroativo, cuja principal reforma é eliminar o abono sem motivo e substituí-lo por um sistema de seguro-desemprego a fim de evitar litígios.
2. Redução dos encargos dos empregadores sobre os custos do trabalho.
3. Promoção da liberdade sindical.
4. Promoção da limitação temporária dos mandatos sindicais.
5. Redução dos impostos sobre os trabalhadores.
6. Recuperação, com investimento privado, das escolas de artes e ofícios.
7. Criação de um intercâmbio público de trabalho com financiamento privado.
8. Substituição da atual lei de riscos ocupacionais, sem efeito retroativo, por uma legislação condizente com o contexto internacional.
9. Recuperação e hierarquização da carreira administrativa estadual.
10. Encolhimento do Estado com a oferta de aposentadorias voluntárias, aposentadorias antecipadas, revisão de contratos de construção e serviços que não têm razão de ser.

TECNOLOGIA E INFRAESTRUTURA

1. Expansão da indústria naval.
2. Incentivo ao investimento no turismo.

3. Promoção do desenvolvimento tecnológico da agricultura, pesca, mineração, pecuária e agroindústria.
4. Promoção de investimentos para a criação de *hubs* tecnológicos, tecnologia digital e inteligência artificial.
5. Melhoria dos processos de produção e serviços.
6. Promoção da renovação de máquinas e tecnologias das empresas através de investimentos de capital nacionais e internacionais.
7. Articulação dos recursos necessários à obtenção de crédito subsidiado e de longo prazo para a realização das atividades acima previstas.
8. Promoção de acordos comerciais internacionais.
9. Promoção da biotecnologia.
10. Investimento na manutenção do sistema energético atual.
11. Promoção de novas fontes de energia renováveis e limpas (solar, eólica, hidrogênio verde etc.).
12. Incentivo a investimentos em comunicações, no setor de petróleo, gás, lítio e energias renováveis que gerem empregos reais e renda cambial para o país.
13. Proposta às empresas privadas de extensão dos serviços de esgoto, energia elétrica, água potável e gás aos pontos críticos do país.
14. Promoção da reparação e da expansão das redes ferroviárias pelo Estado com recursos privados.
15. Criação de centros tecnológicos para o desenvolvimento de redes neurais, de biotecnologia, robótica, inteligência artificial, digitalização da administração pública, melhorando a interconexão nacional.
16. Melhoria da comunicação e remoção de barreiras à implantação da tecnologia 5G.
17. Promoção da criação de centros de reciclagem de resíduos para transformação em energia e em materiais reutilizáveis.
18. Promoção de investimentos para a criação de autoestradas que se conectem às vias de comunicação já construídas com os nós de intercâmbio de mercadorias.
19. Aprofundamento das pesquisas para o desenvolvimento de geradores nucleares para a indústria nacional para fins de produção e exportação de energia.

AGRICULTURA, PECUÁRIA E PESCA

A Argentina tem um potencial alimentar muito importante, não obstante os múltiplos obstáculos e a pesada carga fiscal, por isso precisamos voltar a ser a potência agrícola que deixamos de ser. Para alcançar esse objetivo são necessárias reformas estruturais básicas, começando por reformas tributárias profundas e terminando com aquelas relacionadas a uma maior eficiência nos controles sanitários, fitossanitários e correlatos. É, pois, urgente:

1. Eliminar, como já dissemos, todos os impostos distorcivos a partir das taxas de exportação – as retenções – e dando continuidade àqueles que reduzem a competitividade, como a receita bruta, as dívidas e os créditos bancários, bem como o imposto sobre o valor agregado, que não deve conter regimes de retenção na fonte e de imposição que tenham distorcido o seu caráter de imposto neutro.
2. Os impostos sobre os imóveis rurais devem ser eliminados em todo o país ou minimizados. As taxas rodoviárias devem cumprir a sua finalidade específica e não ser um veículo de aumento dos cofres municipais.
3. Ainda nesse ponto, reitera-se a necessidade de uma reforma trabalhista voltada à livre negociação e à redução dos custos trabalhistas, que será a ferramenta para acabar com a informalidade do trabalho. Essa reforma deverá também conduzir ao fim de processos judiciais desnecessários.
4. Simplificar e unificar os diferentes procedimentos que devem ser comuns para AFIP, SENASA, INTA, INASE, Rentas, entre outros.
5. Revogar a Lei 26.737 (lei fundiária) para que qualquer pessoa, argentina ou estrangeira, tenha livre acesso à propriedade fundiária.
6. Promover uma agricultura que aplique boas práticas, incluindo a sustentabilidade do solo e a preservação ambiental. Nesse sentido, a biotecnologia e outros avanços tecnológicos, assim como a agroecologia, são importantes.
7. Reformular o sistema de Emergência Agrícola para que seja mais ágil e possa ser resolvido em nível local.
8. Promover incentivos fiscais florestais e garantir a estabilidade dos investimentos, também em termos de combate a incêndios.

9. Eliminar todos os tipos de tarifas de importação para bens estratégicos e bens de capital, como fertilizantes, produtos industriais, máquinas e bens de exportação. Somente com uma economia aberta ao mundo é possível alcançar uma explosão das atividades agrícolas e promover a industrialização dos respectivos produtos na cadeia de valor.
10. Promover a construção das melhores obras de infraestrutura com capital privado. Será incentivada a criação de consórcios rodoviários para atender à extensa rede de estradas vicinais.
11. Adotar as medidas necessárias para garantir a segurança rural, tanto de pessoas quanto de bens, que, nos últimos anos, tem se agravado por razões ideológicas distantes da realidade e da liberdade.
12. Em termos de pesca, temos de cuidar do nosso patrimônio marítimo e evitar a exploração indiscriminada e ilegal.
13. Eliminar as muitas restrições e emaranhados trabalhistas e administrativos que impedem a eficiência das atividades portuárias em termos de armazenagem, descarga, transferência e embarque de produtos e serviços.
14. Conceder um tratamento especial à bacia marítima e também à bacia hidrográfica através de um sistema de concessões e também de privatizações.
15. Por último, há que se promover a industrialização da pesca local, e, para tanto, é necessário eliminar as muitas restrições existentes.

Com esta série de medidas, o país voltará, imediatamente, a ser um grande exportador de cereais, carne, oleaginosas, lã, flores e todo tipo de produtos das economias regionais, como citrinos, uvas, vinho, frutos secos, azeitonas, erva-mate, limões, pêssegos, maçãs, cerejas, tabaco, legumes etc., seja como matérias-primas, seja como produtos industrializados.

CAPITAL HUMANO

O capital humano de uma pessoa é o valor de todos os benefícios futuros que se espera obter do seu trabalho no curso da sua vida produtiva, e é tanto maior quanto mais jovem for o indivíduo, o que implica que esse capital diminui com o passar dos anos, mas aumenta com a aquisição de educação, experiência e conhecimento.

O capital humano é o conjunto de competências, habilidades, experiências e conhecimentos de cada pessoa, essenciais para a economia de um país. Investir nele aumenta a produtividade e promove o progresso tecnológico, além dos múltiplos benefícios que são obtidos em outras áreas, como a social ou a científica. Ou seja, a coisa mais valiosa e importante em toda organização são as pessoas. Sem pessoas, as instituições não podem funcionar. Você pode melhorar a eficiência, automatizar processos e até robotizar toda a produção, mas as pessoas sempre terão o papel mais importante.

As instituições dependem da capacidade e do talento dos homens e mulheres que as compõem para alcançarem seus objetivos. Costuma-se dizer que uma instituição é tão boa quanto seus funcionários, e é por isso que é preciso ter cuidado na seleção do pessoal. A integração dos conhecimentos e das competências laborais dos cidadãos está associada a um melhor desempenho e à eficiência dos recursos. O Estado julga, portanto, adequado buscar o máximo desenvolvimento intelectual do instrumento público.

Entendendo isso, o *La Libertad Avanza* acredita que a melhor maneira de preservar e investir no capital humano da Argentina é unir os ministérios do Desenvolvimento Social, Saúde e Educação, a fim de desenvolver políticas públicas nessas áreas que garantam a não intromissão de uma área em outra, acabando por interferir na obtenção dos melhores resultados. Dessa forma, promoveremos os padrões necessários para explorar plenamente o potencial intelectual, as habilidades e os talentos de cada pessoa, a fim de incentivar seu desenvolvimento individual e coletivo, visando nos tornarmos um país desenvolvido. Por isso propomos:

Saúde

1. A redução do Estado e da despesa pública não reduz a qualidade e a quantidade dos serviços prestados nem o número ou a "competência" do seu pessoal.
2. Otimizar os recursos estaduais.
3. Proporcionar segurança para o pessoal de saúde.
4. Melhorar a estrutura dos hospitais.

5. Implementar soluções tecnológicas como telemedicina e prescrição eletrônica, estabelecendo protocolos com o objetivo de otimizar recursos e proporcionar melhor atendimento à população.
6. Descentralizar as internações hospitalares, cobrar por todos os serviços e autogerenciar o serviço de saúde em locais de trabalho compartilhados com a saúde privada.
7. Verificar a coleta do PAMI (Programa de Atenção Médica Integral) e proceder com a recategorização dos profissionais.
8. Proteger a criança desde a concepção e o idoso até a morte natural.
9. Alterar a Lei de Saúde Mental.
10. Capacitar profissionais de saúde no acompanhamento de crianças saudáveis (crescimento e desenvolvimento) para investigação de abusos contra menores.
11. Desenvolver e promover programas de prevenção, tratamento, controle e acompanhamento de pacientes com deficiência de acordo com sua patologia.
12. Realizar uma análise exaustiva da estrutura orgânica funcional dos ministérios que irão compor este dicastério,[106] a fim de identificar duplas atribuições de funções e tarefas.
13. Criação de centros médicos especializados em doenças congênitas que serão apoiados por investimento privado.
14. Criação de um seguro universal de saúde que cubra custos, cuidados preventivos e procedimentos emergenciais na proporção da capacidade de pagamento do destinatário do serviço.
15. Preenchimento de postos na saúde com base no mérito curricular aberto a todos os níveis e cujos lugares são sujeitos a concurso de cinco em cinco anos.
16. A doação de insumos de nível 2 será promovida com empresas privadas.
17. Promover leis que permitam que tanto o médico quanto o paciente concordem com os honorários a serem pagos. Os círculos médicos continuarão com suas tarifas habituais, salvo na hipótese anteriormente indicada.

---

106. Dicastério significa subdivisão de governo dentro das províncias; o termo vem da denominação do Tribunal da antiga Atenas que era dividido em dez varas. (N.T.)

18. Revisão das regras que regem o sistema médico de emergência.
19. Desenvolver programas de prevenção de tratamento para transtornos de dependência e de personalidade.
20. Será regulamentada a documentação de estrangeiros que exerçam atividades relacionadas à área de saúde em território argentino.
21. Os residentes estrangeiros com disponibilidade econômica serão obrigados a cobrir as suas próprias despesas.
22. Não haverá mais turistas estrangeiros entrando em território argentino enquanto os argentinos que viajam para os seus países forem obrigados a ter um seguro-saúde com cobertura de até US$ 30 mil. A reciprocidade é devida.
23. Desenvolver e promover programas de prevenção e tratamento de transtornos educacionais e de personalidade.
24. Controlar as matrículas, qualificações e demais documentações dos estrangeiros que desejam exercer a medicina em território argentino, priorizando a mão de obra daqueles que se formaram em nossas universidades, como ocorre no resto do mundo.
25. Para o PAMI propomos:
    a. que respeite os benefícios de saúde de que seus membros necessitam;
    b. rastreabilidade na compra e utilização dos produtos necessários;
    c. auditoria do processo de entrada e saída de fundos;
    d. categorização em profissionalidade própria;
    e. que os profissionais da saúde comprovem a sua especialidade.
26. Redefinir políticas sociais, alocando recursos e estratégias para consolidar a família, a infância, a adolescência e a velhice nos setores comerciais, novas tecnologias e projetos comunitários sustentáveis.
27. Criar iniciativas produtivas em todos os serviços penais e penitenciários.
28. Registrar a concessão e a rastreabilidade da continuidade ao longo do tempo dos planos sociais como ferramenta para auxiliar quem deles necessita, a fim de assessorá-los e orientá-los na obtenção de empregos privados com sucesso de acordo com a sua capacidade e formação.

Educação

1. Sistema de *vouchers*, ou seja, concessão de uma bolsa de formação.
2. Descentralizar a educação, destinando o orçamento aos pais em vez de entregá-lo ao Ministério, financiando a demanda.
3. Gerar competição entre as instituições de ensino a partir de currículos em todos os níveis de ensino, incorporando mais horas em disciplinas como matemática, idioma, ciências e TIC (tecnologia, *hardware* e *software*), ou por meio de orientação e/ou infraestrutura.
4. Transformação curricular para promover uma abordagem pedagógica por competências, que vá além da simples transmissão de conhecimentos.
5. Criar uma carreira docente de nível superior.
6. Criação de carreira de gerentes e supervisores.
7. Eliminar a obrigatoriedade do Programa de Educação Sexual Obrigatória (ESI) em todos os níveis de ensino.
8. Alteração do Estatuto do Magistério. Examinar a possibilidade de excluir licenças injustificadas. Possibilidade de demissão.
9. Modificação do projeto curricular aplicado às intervenções necessárias com base no profissionalismo exigido pelo país (engenheiros, cientistas da computação etc.).

Seguridade Nacional e Reforma Judicial

A falta de pessoal qualificado, os baixos salários, a falta de radares em quase todas as fronteiras do país (terrestres ou marítimas), a permeabilidade das próprias fronteiras, a falta de orçamentos, a inflação e a desvalorização da nossa moeda que produzem uma impossibilidade material de desenvolvimento tecnológico e atualização das forças de segurança, a insuficiência ou precariedade dos serviços de segurança e seguridade sociais das Forças Armadas, o avanço do narcotráfico em lugares insuspeitos, entre outros, são fenômenos acentuados, tanto que, na Argentina de hoje, as forças de segurança estão imersas em um profundo processo de descrédito e desmotivação generalizada.

A soma de todos esses fatores provoca (por exemplo e entre outras coisas), nas Forças Armadas, o êxodo interinstitucional maciço de pessoal, oficiais, suboficiais, a convivência de pessoal muito jovem e idoso com falta de meio efetivo para um sequencial aprimoramento da cultura institucional.

No Serviço Penitenciário Federal, a situação não é muito diferente da realidade do resto do país. Está em colapso devido à falta de políticas prisionais com objetivos claros e sustentados ao longo prazo, a falta de investimento em infraestrutura e na manutenção das instituições penitenciárias, a ideologização e o apoio em favor do preso e não dos cidadãos, bem como os parcos salários são apenas algumas das causas. Os crimes federais cresceram exponencialmente nos últimos anos e a instituição não esteve à altura da tarefa.

O Sistema Judiciário Nacional também está em colapso, com sérios impedimentos para que seja ágil, justo, diligente e próximo dos cidadãos como eles merecem. Por todas as razões acima, nós do *La Libertad Avanza* propomos os pontos a seguir, detalhados para abordar o que diz respeito à segurança.

1. Construção de instituições penitenciárias (enfermarias e presídios) através de um sistema de gestão público-privado.
2. Militarização das instituições durante o período de transição para recompor o sistema, em particular no que diz respeito ao pessoal.
3. Reformulação da legislação penitenciária, eliminando os salários dos presos. O recebimento de remuneração durante a permanência na prisão só pode estar vinculado à participação no trabalho organizado na prisão; eles serão obrigados a realizar trabalhos e/ou estudos dentro de instituições penais para se sustentarem financeiramente e se capacitarem para a reinserção social.
4. Estudar a viabilidade da redução da idade de imputabilidade dos menores.
5. Agilizar julgamentos criminais que demoram demais no sistema de Justiça.
6. Promover projetos que visem eliminar cláusulas de garantia da legislação penal nas Câmaras dos Deputados.
7. Sanitização de todas as forças de segurança, com eixo no combate à corrupção.
8. Agir para garantir que as forças de segurança recuperem a autoridade profissional e moral, treinando-as e equipando-as com as ferramentas necessárias para desempenhar sua tarefa com sucesso.

9. Prestar especial atenção à luta contra o narcotráfico, atacando cada célula e organização criminosa, controlando as fronteiras provinciais e o espaço aéreo com radar e pessoal qualificado, fornecendo ao seu pessoal conhecimento, ferramentas de trabalho, proteção, bem como a gestão e aplicação de novas tecnologias.
10. Criar um banco de dados nacional de pessoas com mandados de prisão conectado a câmeras de segurança com identificação facial, além de promover sua replicação em todas as províncias do território argentino.
11. Criar um banco de dados de veículos com impedimentos de circulação relacionados a câmeras de segurança com leitor de placas de veículos e promover sua expansão para as províncias.
12. Reformular o sistema de segurança interna.
13. Promover a coordenação e a cooperação entre as forças de segurança federais e provinciais para desmantelar redes criminosas complexas.
14. Investir em tecnologia para todas as forças de segurança.
15. Apresentar projetos que visem alterar leis e procedimentos que dificultem a ação policial e garantam concessões excessivas a criminosos.
16. Despolitização e profissionalização da força policial, impedindo a sucessão de cargos hierárquicos de alto escalão com outros órgãos governamentais ou órgãos públicos.
17. No que diz respeito à posse de armas de fogo, propomos a desregulamentação do mercado legal e a proteção de seu uso legítimo e responsável pelos cidadãos.
18. Proibir a entrada, no país, de estrangeiros com antecedentes criminais.
19. No campo da segurança interna, articular as leis nacionais e provinciais que se relacionam em suas matérias e promover ações coordenadas interjurisdicionais.
20. Estabelecer procedimentos para alcançar um maior controle dos espaços marítimos sob jurisdição nacional e alcançar a proteção rigorosa de nossos recursos pesqueiros através da Prefeitura Naval na qualidade de autoridade marítima nacional.
21. Incorporar sensores móveis, veículos, drones, satélites e todos os equipamentos necessários para o controle de fronteiras e obter coleta de inteligência para prevenir crimes complexos e monitorar fronteiras remotamente.

22. Otimizar o funcionamento dos pontos de passagem fronteiriços.
23. Deportação imediata de estrangeiros que cometam crimes no país.
24. Repensar a política de defesa nacional para coordená-la com a política externa, especialmente em nossa plataforma submarina, exigindo uma reestruturação das Forças Armadas que redefina sua missão e desdobramento territorial.
25. Promover uma doutrina de segurança nacional e suas estratégias.
26. Promover a criação e a implementação de uma Diretriz de Política Nacional de Segurança.
27. Promover uma lei de segurança nacional de acordo com ameaças, riscos ou conflitos clássicos e novos para a Nação, incluindo o marco regulatório *ut supra*.
28. Promover a reestruturação dos Sistemas de Defesa Nacional, Segurança Interna e Inteligência Nacional em um outro macroconjunto denominado Sistema de Segurança Nacional que abranja, entre outros subsistemas setoriais do poder nacional, os instrumentos militares e não militares em: Subsistema de Segurança Interna – Gendarmaria Nacional Argentina, Prefeitura Naval Argentina, Polícia de Segurança Aeroportuária, Polícia Federal e Serviço Penitenciário Federal, além da Polícia Federal e dos Serviços Penitenciários Provinciais e Municipais (Polícia Local), Subsistema de Segurança Externa –, Instrumento Militar da Nação e Serviço Estrangeiro da Nação e Subsistema de Inteligência Nacional – Ferramenta de Informação da Nação.
29. Promover a reafirmação da soberania nacional em todas as áreas geográficas onde a sobrevivência do Estado esteja ameaçada ou em perigo, garantindo e mantendo a segurança territorial e os estilos de vida tradicionais, as instituições do sistema representativo, republicano e federativo estabelecidas pela Constituição Nacional.
30. Promover a total radarização do território nacional.
31. Promover a reafirmação e o aperfeiçoamento das missões subsidiárias e secundárias do Instrumento Militar da Nação e do Instrumento Nacional de Polícia em apoio à manutenção e à sustentabilidade da Segurança Nacional.

32. Promover a criação e a implementação de um Fundo Nacional de Segurança.
33. Promover um aumento percentual tabelar, através da Lei do Orçamento do Estado, do Instituto de Investigação Científica e Técnica das Forças Armadas.
34. Promover uma redistribuição conjunta da Segurança Nacional.
35. Promover a criação e a implementação de um instituto de investigação científica e técnica para as forças de segurança interna.
36. Promover um posicionamento geopolítico consensual como política de Estado.
37. Tolerância zero contra o crime.
38. Substituir o expediente de papel pelo digital, incorporando novas tecnologias para aproveitar ao máximo os avanços tecnológicos.
39. Encurtar os prazos judiciais para poder garantir, por meio da administração da justiça, uma proteção verdadeiramente efetiva dos direitos das pessoas.
40. Redução do Estado em órgãos que têm como único objetivo ampliar a burocracia.
41. Promover as ações necessárias no Poder Judiciário para melhorar os níveis de confiança pública, afastando suspeitas e para dar respostas efetivas aos cidadãos.
42. Promover a reforma do processo penal para acelerar os julgamentos sem prejudicar a qualidade da justiça.
43. Garantir a independência da Magistratura, o que exige o reequilíbrio do Conselho Superior da Magistratura.
44. Priorizar a colaboração do Poder Executivo e do Poder Legislativo em termos de intervenção no Conselho Superior da Magistratura para a seleção de candidatos e a elaboração de listas de candidatos para preenchimento de vagas na Magistratura.
45. Requisitar uma intervenção eficaz entre os poderes Executivo e Legislativo para o envio de candidaturas para preenchimento de vagas.
46. Articular as medidas necessárias para que os representantes do Poder Legislativo e do Poder Executivo que compõem o Conselho Superior da Magistratura colaborem na elaboração do regimento interno do Conselho, a fim de alcançar a máxima eficiência em seus trabalhos (como a rápida tramitação dos processos).

47. Criar mesas interministeriais do Poder Executivo para tratar de problemas comuns com o Poder Judiciário. Por exemplo, facilitar locais de internação para pessoas com problemas psiquiátricos, entrega de tornozeleiras eletrônicas para garantir o respeito às exclusões perimetrais em caso de violência doméstica, entrega de botões de pânico para vítimas de violência ou de abuso, bem como locais adequados para crianças e adolescentes em situação de risco e vítimas de abuso em todas as suas formas.

Nós, da aliança *La Libertad Avanza*, acreditamos que ainda temos uma oportunidade de colocar nosso país de volta no caminho do sucesso e do progresso. Este não é o momento para moderados, a mudança é hoje e a decisão é agora. Não há mais tempo, e é por isso que propomos a mudança estrutural de que a Argentina precisa hoje para se tornar, outra vez, uma potência amanhã.

Este livro foi impresso nas oficinas gráficas da Editora Vozes Ltda.,
Rua Frei Luís, 100 – Petrópolis, RJ.